学校改革の哲学

佐藤 学――[著]

東京大学出版会

故・稲垣忠彦先生に献げる

Philosophy for Renovating Schools
Manabu SATO
University of Tokyo Press, 2012
ISBN 978-4-13-051321-0

はじめに

教育の思索はすべて、哲学的探究の性格を有している。教育的な行為や経験の意味を問いながら展開される教育実践の研究においてはなおさらである。教育の実践や研究の基礎に哲学があるだけではない。教育の実践や研究それ自体が哲学的実践であり、哲学的探究として成立している。私のこれまでの教育研究のすべてにおいて、哲学的な問いと探究はいつも不可避的に付随していたし、時には主たるモチーフとなり先導的なアイデアとなっていた。カリキュラムの哲学、教師の哲学、授業の哲学、学びの哲学、教育的思考の哲学などである。それらの代表的論文は、これまで三部作『カリキュラムの批評――公共性の再構築へ』『教師というアポリア――反省的実践へ』『学びの快楽――ダイアローグへ』（いずれも世織書房）として公刊し、幸い、学術書とは思われないほど多数の人々に愛読されてきた。本書はその続篇であり、私の論文の中でも哲学的性格が強いものを選んで編纂した。

本書は第Ⅰ部「学校の哲学」、第Ⅱ部「哲学的断章」の二部で構成している。第Ⅰ部は、学校という装置を読み解く歴史哲学、学校改革の基盤となる学びの哲学、教育文化の哲学、教育の公共性の基礎となるデューイの政治哲学、および、学びの共同体の哲学を扱った論文を収めている。

第Ⅱ部は、シリーズ「越境する知」（東京大学出版会）の編集において、それぞれの巻のライトモチーフを提示する哲学的断章を収録し、併せて、私の教育研究に決定的な影響を与えた如月小春、津守真、稲垣忠彦の三人の思想について論じた文章、および「私」という一人称の語りから宮澤賢治の文学について解読した文章を収めている。第Ⅱ部の各篇は直接的に「学校改革の哲学」を論じたものではないが、私の教育の探究の基底において影響を与えた哲学的な思索を扱っており、本書に収めるにふさわしい論文であると判断している。

本書の各章は、それぞれ実験的で挑戦的な創意によって執筆した論文であり、他の著作のどの論文よりも個人的には思い入れの大きい論文ばかりである。そのスリリングな思考実験の試みの一端を愉しんでいただければ幸いである。

学校改革の哲学／目次

I

学校の哲学

1 交響する学びの公共圏

——身体の記憶から近代の脱構築へ

教育の装置を内破する基地を構築しようとすると、教育と呼ばれる現象や実践の中に、身体がくっきりと輪郭をもってたち現れてくる。学校や教室という場所は、〈身体なき言葉〉と〈言葉なき身体〉とがせめぎ合い衝突し合って、生々しい闘いを日々繰り広げているアリーナである。しかも教育と呼ばれる領域で遂行されている実践は、それ自体が身体技法の営みにほかならない。身体のアーティキュレーションの一つとして文化の伝承や学びと呼ばれる行為があり、その行為の様式を発見し探究し批評し創造することが、教育学（ペダゴジー）と呼ばれる学問の営為なのだと信じるようになった。

個の身体のアーティキュレーションの発見は、歴史と教育との関係についても新しい認識をもたらしてくれた。一方に歴史があって他方に教育（文化の伝承と学び）があるのではない。文化の伝承と学びという身体のアーティキュレーションの営みによって、埋もれていた歴史が現出し創造されるのである。個の身体のアーティキュレーションの軌跡が歴史そのものなのであり、その創造の行為の中に教育という実践も埋め込まれているのである。

1　オープニング

一九九七年一〇月五日、新潟県小千谷小学校の子どもたち九五〇名、教師四〇名、保護者と市民二〇〇名による合唱構成劇「学校の創生」（脚本・演出＝佐藤学、作曲・編曲＝三善晃）が、市民と教師約二〇〇〇人を迎えて初演された。わが国の最初の公立学校である同校の創立一三〇周年を記念して創作された合唱付き構成劇の初演である。

舞台は、オープニング主題曲の合唱で幕を開け、小千谷市の中心を流れる信濃川の川岸で四人の子どもが風の中に声を聞く場面から始まる。

真美「川岸に来たよ。ねえ、また、あの声を聴こう」
敏子「うん、さあ、そっと耳をすまして」
雅美「わたし、何にも聴こえない。風の音しか聞こえない」
和也「僕も、川の音と風の音しか聞こえない」
真美「ほら、目をつむって、ようく耳をすますと、風の音の中の……遥か遠くのほうから……」
雅美「あ、風の中に子どもの声……」
和也「あ、僕も聴こえる。風の中に子どもの声……」
真美「ね、聴こえるでしょ。風の中に……子どもたちの声が……。ほら、もっと、よく耳をすまして」
敏子「笑い声や、ささやく声や、歌うような声や……それに怖い声も聞こえるわ。うなり声や、叫び声……」
和也「ひゅー、ひゅーって、泣いてるような声も聞こえるよ」
雅美「そう、ひゅー、ひゅー、ひゅーってね。でも、とぎれとぎれで、泣いてるのか、叫んでるのか、歌ってるのか、わたしには、よくわからない」

真美「やさしい風のときは、そっとささやくような声も聞こえるよ。とぎれとぎれにね」
和也「こっちから、風の声に呼びかけてみようか」
真美「うん、風に向かって呼びかけてみよう」
真美・敏子・雅美・和也「おーい、おーい」

暗転し鬨《とき》の声、そして大砲と銃の音。四人の子どもたちは姿を消して、戊辰戦争で焦土と化した長岡から逃亡し避難してきた子どもたちが、川向こうから「おーい、おーい」と呼びかけに呼応して舞台に登場してくる。

小千谷小学校の創設は慶応四＝明治元年一〇月一日である。小千谷の縮商人・山本比呂伎は、戊辰戦争によって浮浪の生活に追い込まれた旧長岡藩の子どもたちを保護し教育するために、私財と精力をそそぎ込んで「振徳館」を開設。二度にわたる「建白書」によって柏崎県庁の認可を獲得している。元号が「慶応」から「明治」へと転換した年の一〇月一日のことであり、日本で最初の公立学校の誕生であった。当時、新政府は「賊徒の子ども」の一切の保護を禁じる「お触れ」を掲示して「賊徒」を根絶やしにする方針を固めており、小千谷に逃げ込んだ子どもたちは、すべて男の子たちである。女の子どもたちは、ある者は人さらいに誘拐され、ある者は身売りされたという。山本は「建白書」を提出するにあたって極刑を覚悟していた。妻と子どもを病気で失った直後の山本は、戦禍の中で浮浪する子どもたちに私財と人生のすべてを託したのである。

「小千谷校・振徳館」の創設は、教育史の通説を覆す事件である。わが国の公立学校の創設は、これまで、明治元年一〇月に学校設置の趣旨を諭達し明治二年二月から学校が設置された京都府番町の京都小学校、あるいは、明治元年一二月に開校した沼津兵学校附属小学校が最初のものとされ、公立小学校の普及は学制が発布された明治五年以降と言われてきた。しかし、「小千谷校・振徳館」は、京都小学校が開設される四カ月前、沼津兵学校附属小学校が開設される二カ月前に創設され、公立学校としての認可を獲得している。わが国の最初の公立学校が、新政府による学校設置の施策の前に地域を主体として、しかも、子どもの保護と救済の公共圏（アジール）として創設された事実は、旧来の教育史の常識を超える事件である。

同校の歴史は、小千谷の人々にとってさえ闇の中に埋もれていた。山本の二つの「建白書」、「小千谷校・振徳館」の創設を記録する詳細な『学校日誌』、および創設期の同校の事情を記した「小千谷民政局日誌」が発見されたのは、『小千谷市史』（上、下、資料集、一九六九年）の編纂過程においてであった。旧校舎の倉庫から史料を発見した桑原芳太郎校長も、これらの史料の存在に驚き、東京大学の史料編纂所で鑑定を受けるまではにわかには信じられなかったという。

私自身は、同校の歴史を東京大学教育学部の図書室の『小千谷小学校史』（上巻、下巻、一九七七年）を読んで知っていた。星野初太郎校長が執筆した労作である。近代教育史研究の骨格を形成した海後宗臣（東京大学教育学部創設の中心人物）は、小千谷小学校の調査を戦後直後に行っていたが、その時点ではこれらの資料は発見されていない。海後門下の稲垣忠彦（東京大学教育学部名誉教授）が『小千谷小学校史』を図書館に収め、稲垣門下の私が同書を手にしたわけである。しかし、小千谷小学校創設の歴史的意義を再認識したのは、同校の平澤憲一校長から「わが国でもっとも古い学校でもっとも新しい教育に挑戦したい」という趣旨の手紙を受けて学校改革のコンサルテーションを開始した一九九五年からである。フィールドワークと歴史研究という二つの方法によって「越境する教育学」を模索し「行動する教育学者」としてのあり方を模索してきた私にとって、小千谷小学校との出会いは、偶然とはいえ、運命的なものであった。

2　身体の詩学と政治学

構成劇「学校の創生」は、オープニングの主題曲「あなたに」の合唱によって幕を開ける。

作詞・佐藤 学、作曲・三善 晃

あなたに

こもれびのにわに　かぜはおどる
このかぜにのせて　わたしはとどけたい
ひとつのことば　ひとつのねがい
かざかみのかなたで　いきているあなたに

ゆうやけのまちを　かわはながれる
このかわによせて　わたしはとどけたい
ひとつのこえ　ひとつのうた
かわかみのかなたで　いきているあなたに

あさやけのやまに　ひとはいのる
そのこえにのせて　わたしはとどけたい
ひとつのれきし　ひとつのみらい
あのそらのかなたで　いきているあなたに

学校の記憶は、教育空間の内と外の境界線をなぞり、その小さな亀裂を埋め合わせるように回想される出来事である。日々繰り返される授業の周辺で、窓越しに眺める校庭の風景はその一つであろう。一陣の風が頰をかすめると、その風に誘われるように窓に目をうつす。風に呼応して揺れる木々の葉とそのざわめきが映し出す木漏れ日の舞いが、凍り付いた教室の身体を内側から溶解させてくれる。私の小学校時代の記憶を想起しても、一筋の風が教室を通り抜けてゆくとき、風と光の戯れの中で私の身体は甦り心は飛翔した。「風よ、吹け吹け、風よ吹け、おいらは風の子、風太郎」。宮澤賢治の「風の又三郎」を知らなかった私も、テレビの人気番組だった「風太郎」の主題歌を口ずさんでは、いじけてうつむきがちな自分を励ましていた。

誰から教わることもなく、子どもたちは風と〈息づかい〉をともにして生き、刻々と変化する光の陰影に彩られて暮らしている。〈私〉という存在が親や教師よりもっと大きな何者かの〈子ども〉であることを子どもたちは知っているのではないだろうか。息づかいこそが、身体が世界と交信する確かな証であり、光と影がモノのかたちと動きを生み出し、モノや人それぞれが言葉やメッセージを超えた「もう一つの声」を発していることも、さらには、〈私〉をとりまく沈黙の世界がその底で壮大な交響曲を響きわたらせていることも知っていたように思う。それらのすべては、身体の一つひとつの細胞がどこかで記憶していることであり、文字が読めたり漢字が書けたり計算ができるようになる前に、〈子ども〉ならば誰でも知っている事柄だと思う。木漏れ日の小さなさざめきは、私と世界が一瞬も静止していないことを示し、風の舞いは、ブラウン運動のような私と世界の動きが天地の大きな循環の一こまであることを教えてくれるのである。

しかし、「循環（サーキュレーション）」という私と世界をつなぐ環を近代の時間は引き裂いてしまった。学校の時間に組織された「反復」は一方向的で直線的な教育プログラムの「反復」であって、学びの身体が体験している往還し循環する「反復」ではない。何とも出会わず何事も起こらず何も経験されない「反復」は、もはや「反復」の意味を喪失していると言ってもよいだろう。

そうなると「こもれびのにわ」は、もはや「にわ」ではない。「庭」は、「市場」が「市庭」と表記された歴史が示すように異質な人々が交わり合う場所としての〈公共圏〉を意味していた。「縁側」（縁をかわす場所）と連続して「庭」（多様な人々が交わり合う場所）が住居に設けられた家屋の歴史を想起しよう。現在の「庭」は〈公共圏〉としての機能を喪失しているのであり、「庭」は、もはや異質な人々が交わり合う場所ではなく、私的空間に閉じこめられた人々が一時の憩いを求めて眺める「風景」と化してしまった。一方向的なまなざしに映し出される「風景」となった「庭」には〈他者〉は存在しないのである。

木々の葉音がさざめき風塵が踊る「庭」の風景は、〈公共圏〉を生きる身体の忘れられた記憶を喚起する〈仕掛け〉である。風も木もこの記憶を刻印しているはずなのだが、そこに棲まう私たちは、もはや「庭」を〈公共圏〉として意識することはない。一瞥して眺めに魅入られたとしても、その残滓を感受することさえなしえないのである。

藩校、寺子屋の家屋から校舎へと変貌した学校建築の歴史において、「縁側」も「庭」と同じ運命をたどっている。人と人が憩い交わる場所である「縁側」は、近代の校舎では外部を遮断した通路としての「廊下」へと転じ、陽当たりのよい南側から北側へと移されてしまった。「校庭」は塀によって外部から遮断され、内部へと連続するはずの「縁側」も失って「風景」へと転落してしまったのである。その風景に隠された古層の記憶をどう呼び起こせばいいのだろうか。教室に吹き込む涼風のように、あらゆる境界を越えあらゆる隙間に侵入して、一つひとつの時空をひきさき、そして、あらゆるものを大きな循環と呼応させて振動させ、一つひとつのモノや人の響きを生み出すことはできないのだろうか。

「あなたに」という詩は、学びの身体のポエティクス（詩学）である。「風」は他者とのコミュニケーション、「川」は暮らしと文化の伝承、「山」は祈りの身体のポエティクスを表現している。「あなたに」という詩の創作において、私は、韻律の連鎖と意味の連鎖の中にいくつもの切断を仕掛けることを試みた。連辞（パラダイム）の構造を生み出すと同時に、意味の切断を生み出す手法が、この詩の創作の方法論である。まず「あなた」とは誰なのか。風にのせ、川によせ、祈りの声にのせて「わたしはとどけたい」という欲望は、この欲望の対象である各連の末尾の「あなたに」という二人称の曖昧さにおいて宙づりにされてしまう。「かなたでいきている」「あなたに」というリフレーンが、この二人称の曖昧さをうちだす〈仕掛け〉である。「かなた」と「あなた」の音韻の同型性は、韻律以上の意味を帯びている。日本語の二人称が宿している他者性の曖昧さと確からしさであり、その特徴は「かなたに」ではなく「かなたで」という表現の中に込められている。「あなたに」の音韻との対応で言えば、そして歌声としての響きの効果から言えば「で」よりも「に」を選択すべきなのだろうが、ここは「かなたで」でしかありえない。特定性を帯びた場所の不特定性を示す「で」こそが、日本語の二人称の他者性を表現しうるからである。

パラダイムの切断は意味の切断においてさらに明示化される。「かぜ」にのせて「かざかみ」へ、「かわ」によせて「かわかみ」へ、というのは物理的には矛盾しており、声を届ける行為の不可能性を示している。しかし、この不可能性が、いっそう「ひとつのことば（ねがい、こえ、うた、れきし、みらい）」を届けようとする〈私〉の欲望を痛切なものにする。「わたしは」という主格が屹立するのも、〈私〉という存在の内にやどる他者との絆を渇望する内的な促しにおいてである。

パラダイムの切断は、第三連における韻律の切断による意味の反転によっていっそう明徴化される。「かぜ」に呼応して「かざかみ」（一連）、「かわ」に呼応して「かわかみ」（二連）という韻の連鎖から言えば、三連は「やま」に呼応して「やまなみ」となるべきである。しかし、この連鎖は切断され、「あのそらのかなたでいきているあなたに」という、もう一つの意味の連鎖が浮上している。この「そら」は「空（くう）＝無」との意味のつながりを呼び起こし、三度くり返された「いきている」の意味は反転して、「あなた＝死者」という極限の他者へとシフトしている。この反転と飛躍の仕掛けが、「かぜ」にのせて「かざかみ」へ、「かわ」によせて「かわかみ」へと「こえ」をとどけようとする行為の不可能性という意味の切断の帰結点になっているのである。

しかし、「かぜ」にのせて「かざしも」にとどける声、「かわ」によせて「かわしも」にとどける声よりも、むしろ「かざかみ」にとどけようとする声、あるいは「かわかみ」にとどけようとする声のほうが真実味を帯びてしまうのはなぜだろうか。三連の言葉で言うと、生者の「あなた」にとどける声よりも死者の「あなた」にとどける声のほうがいっそう真実味を帯びてしまうのは、なぜだろうか。そこに祈りへと向かう想像力を発現させる〈仕掛け〉があるのだが、この想像力をとおして私は、〈私〉と〈あなた〉の対話的な関わりを日本語の古層から掘り出す挑戦を意図していた。

日本語の一人称（私）と二人称（あなた）の関係は、欧米の言語圏の一人称と二人称のような対称関係においては成立していない。日本語の「わたし」は、「わたしたち」の濃密な関係の中に埋め込まれている。「わたし」とは「わたし」の集合体である「わたしたち」（共同体）の単体であり、「あなた」（他者）なしでも存立する「わたし」である。それに対して、欧米の言語圏における「わたし（I）」を複数形（Is）にしても「わたしたち」にはならない。「わたしたち（we）」という表象は「わたし（I）」の外に独立して存在しており、対象化されている。（したがって、相手が「we」と語るとき、聞き手である私はその「we」が私を含んだ「we」なのか、それとも私を排除した「we」なのかを瞬時に判断しなければならない。）

ところで、「わたし」の複数形が「わたしたち」を表現する言語は、ほかにも存在しているが、それらの民族においては祖先崇拝の信仰が共通して見られると言われる。すなわち、日本語の「わたしたち」は死者に連なる「わたしたち」なのである。欧米の言語における「わたし」が、「あなたとわたし」という対称関係（市民社会）を基盤として成立しているのに対して、日本語の「わたし」は「わたしたち」の連続性（共同体の歴史）を基盤として成立しているとも言えよう。

他方、欧米の言語における「あなた（you）」は、「あなた一人」と「あなたたち」の双方を意味している。ところが、日本語の「あなた」においては「あなた」の集合体がイメージされることはない。日本語の「あなた」は「かなた」の人（不特定の特定）を意味し、特定の誰か一人である。さらに言えば、「かなた」を語源とする「あなた」（二人称）は、文字通り、他者性を含意している。その「あなた」の他者性を語源である「かなた」と連携させて佇立させ、そこから「わたし」という一人称がいっそう明瞭に佇立することを、この詩は意図している。

その「わたし」がメッセージとして提出する「ひとつの言葉（声、歴史）」と「ひとつの願い（歌、未来）」。「ひとつの」というリフレインが喚起する「特異性（singularity）」と「複数性（plurality）」こそが、このオープニングの主題曲が提起しているもう一つの主題である。この主題を受けて、演劇のフィナーレでは、オープニングにおいて登場した現代の子ども四人（真美、敏子、雅美、和也）が再び登場し、夢幻劇としての効果をもう一度発揮すると同時に、「ひとつ」の中の特異性と複数性を確認する言葉で結んで、山本比呂伎の言葉のシュプレヒコールを導き、フィナーレの合唱で幕を閉じる。真美と敏子と雅美と和也の言葉は次のように結ばれる。

「私たちは、ひとつの音の中に、たくさんの音を聴くことができる」
「私たちは、ひとつの声の中に、たくさんの声を聴くことができる」
「私たちは、ひとつの歌の中に、たくさんの歌を聴くことができる」

3　内乱の記憶

小千谷小学校は、戊辰戦争の出発点となった岩村精一郎（軍監）と河井継之助（長岡藩家老）との「小千谷談判」が行われた滋眼寺のすぐ近くにある。詩人西脇順三郎の生家も近い。中越一の縮商であった西脇吉郎右衛門（西脇順三郎の曽祖父）は、明治以後、第四銀行や小千谷銀行を創設した富豪であったが、山本比呂伎の最大の理解者であり、「小千谷校・振徳館」の存続を財政的に支援した中心人物であった。西脇順三郎も、小千谷小学校の校歌の作成に協力している。

小千谷小学校を最初に訪問したときから、この小さな町の大きな学校（新潟県で二番目の大規模校）が、文化と教育の共同体の核として存在している点が印象的であった。同校は塀がなく地域に開かれており、校舎の中心に障害児学級の教室が位置づいている。学校を支えてきた町の歴史も興味深い。豪雪で知られる盆地だが、信濃川の水運と街道の交差点として商業と文化と宗教の伝統は深い。この小さな町に百以上の神社が今も存在し、山岳宗教と修験道が多種多様に存在したと言う。信濃から川を下った諏訪神や日本海の海岸を北上し信濃川を上った白山菊理媛、東北文化を象徴する羽黒権現や関東から北上した二荒《にっこう》など、多種多様な神々が棲息した場所である。さらに、みごとな火焔土器が多数発掘される縄文遺跡が町内に四〇カ所近くもあり、それに反して弥生文化の遺跡はほとんど存在しないことから考えて、この地域の産業と文化はアイヌにも連なる古層の上に立っていると言ってもよいだろう。

同校の訪問を続ける中でさらに興味深い発見は続く。「小千谷校・振徳館」の存続と並行して、この町の人々は、柏崎県から独立し「小千谷県」を自治地域として建設する運動を起こし、政府の弾圧を受けていた。維新後の一揆の高揚を基盤として、明治三年、小千谷町以下四二〇カ村（署名一七八名）による嘆願書にまとめられた「小千谷県」設置構想は、小千谷民政局管内だけで七三五の村数の賛同を獲得していた。同年三月、小千谷村の庄屋五人と年寄一人が柏崎県庁に無届けで上京し民部省に嘆願書を提出している。しかし民部省はこの嘆願書を受け入れず、柏崎県庁は「皇室」を「あざむきし」罪として、この六人を検挙し数カ月にわたって牢に幽閉している。

この事件は「御一新」をめぐる「近代化」のイメージにおける政府と小千谷町民との大きなズレを示している。このズレを「小千谷校・振徳館」も共有していた。山本比呂伎は、「建白書」において「御一新」を上意下達の社会から「下意上達」の社会への転換として評価しており、「徴士貢士（地方官）ノ選挙」（民主政治）を「実」あるものにする前提として「天授五倫」を教える学校を設立する必要を訴えている。この理念に立って、山本は旧長岡藩士の子どもを対象とするだけでなく、すべての子どもが「御一新の赤子」として共に学び合う学校を構想していた。事実、「小千谷校・振徳館」は、階級、階層、性、世代など、あらゆる差異を超えて学び合う場所であり、生徒の年齢構成も七歳から四四歳にまで及んでいた。生徒数も慶応四年九月に一三名、明治元年一〇月に二一名、同年一二月に三二名、明治四年に四三名（寄宿生二〇名、通生二三名）、学制の学校に移行した明治六年に一二三名（内女子二名）、明治七年には三五六名（内女子九二名）にまで拡大している。

明治元年以来の奨学措置は高い就学率をもたらした。小千谷小学校学区の生年別就学率を算定すると、明治二年生まれの子どもの就学率は五五・三％（男子七二・一％、女子四一・二％）、明治四年生まれの子どもの就学率は七四・〇％（男子八二・二％、女子六五・三％）にまで達している。全国の学校の就学率が、学制発布後も長らく一〇％台を低迷した状況、および、新潟県の就学率が沖縄と北海道に次いで低かった事情を考えれば、小千谷小学校の就学率の高さは驚異と言うべきである。このように「小千谷校・振徳館」（小千谷小学校）は「共生のユートピア」としての学校であった。

「小千谷校・振徳館」の学校像は、学制の「共生のユートピア」と一部重なり合っている。学制は「人民一般」を対象として構想されていたが、この「人民一般」とは「華士族農工商婦女子」と説明されており、階級、階層、性、世代の差異を超越して構想されていた。この「超近代」とも呼べる「共生のユートピア」が、前近代の装置である「太政官」によって布告されているところに、わが国の近代学校のその後の運命が表現されていた。「学制」における「共生のユートピア」は、あらゆる差異を無化する天皇制というイデオロギー装置によって提唱されていたのである。

一方、「小千谷校・振徳館」と学制の学校との差異は明瞭である。その差異は、両者の含意した「近代性」の性格に見ることができる。「小千谷校・振徳館」における「近代性」とは、公費による教育（無償教育）、教育内容における漢学、国学、神道、洋学、手習い、裁縫などの総合（公共的文化）において表現されていた。それに対して、「学制」の学校は、授業料を徴収する有償の学校であり、教育内容も翻訳した欧米の教科書であった。その「近代性」は、欧米文化の移植という植民地性と、もう一つは、「上等」「下等」の二段階八級の「等級」制度とその「進級」を決定する「試験」の導入において表現されていた。「学制」は、二九の教科名を翻訳名で明示するとともに、一四もの条文で週、月、学期、年ごとの「試験」について記述している。

明治初期の識字率は国際的にトップ水準にあり、藩校、寺子屋、郷学などの教育機関の普及も欧米に匹敵する水準に達していた。「学制」による「小学校」の普及が「自発的植民地化」であったことは明瞭であろう。「学制」による「小学校」の創設は、藩校、寺子屋、郷学の近代化ではなく、それらの廃絶による欧化として断行されている。儒教文化圏からの脱出による〈欧化＝近代化＝自発的植民地化〉が、「学制」の学校における近代化の性格であり、翻訳教科書の導入と「試験」による「等級」づけの二つが「近代」の徴であった。

小千谷の人々にとって、学制の発布は「公教育の創始」ではなく「教育の公共圏の再編・回収」として機能した。「小千谷校・振徳館」は、明治六年に学制の学校へと回収されるが、それと同時に山本比呂伎は退職し学校を去っている。教育内容の「洋学（欧化）」と「試験」による「進級（序列化）」の二つで特徴づけられる学制における「近代」を拒絶したからである。合唱劇「学校の創生」は、山本が迷いながら辞職の決意を子どもたちに語る場面で物語を終え、エピローグへと向かっている。なお、辞職後の山本は、学務委員をつとめて外から学校を支援するとともに、神官として生涯をおくっている。

「小千谷校・振徳館」が学制に吸収されて以後、小千谷には私塾が隆盛する。たとえば、国学と漢学を教授する私塾の一つ「斯道館」は、小千谷中学が開校する明治三五年まで数百名（女子数十名）の塾生を擁していた。「小千谷校・振徳館」が閉鎖された後も、小千谷の地には二つの「近代」が相克していたのである。

4　場所の再編――植民地化としての「近代化」

構成劇のオープニング曲「あなたに」は、第三連で「あのそらのかなたで　いきているあなたに」と歌う。この「あなた」は、もちろん今は死者として「生きている」山本比呂伎をさしている。この三連に限らず、一連でも二連でもくりかえされる「かなたで」は、「あなたに」という言葉の音との連鎖、あるいは合唱の音の響きの効果から言えば濁音をさけて「かなたに」としたいところだが、「かなたで」でしかありえない。「かなた」は、遍在する場所でありながら、「どこに（誰）でもあるどこ（誰）か」ではなく、「どこ（誰）にでも通じているどこ（誰）か」を示していなければならない。場所（他者）の不特定における特定性（singularity）の表現として「で」が選ばれている。「かなたで」という場所は、特定の somewhere としてではなく、遍在する anywhere として存在し、しかも、その不特定性が特定性を帯びる場所なのである。

「小千谷校・振徳館」の場所の意味も検討しておいてよいだろう。「小千谷校・振徳館」は、創設時は、小千谷の地に立ちながら、むしろ長岡の藩校・崇徳館の再建としての意味を担っていた。創設者の山本比呂伎において崇徳館の再建という意識は皆無だったが、創設時の同校に身を寄せた子どもたちや初代校長をつとめた山田愛之助、教師をつとめた今泉友三郎と木村一蔵らにおいて、「小千谷校・振徳館」は崇徳館の復興としての意味を持っていたと推察される。山田愛之助は、元崇徳館の都講（校長）であり、河井継之助による戊辰戦争への突入に反対して山にこもり、山本比呂伎に誘われて「小千谷校・振徳館」の創設に協力している。「小千谷校・振徳館」は長岡の崇徳館の延長線上にあった。この地政学的な位相は、「小千谷校・振徳館」を公的に認可した柏崎県庁にも共通していた。「小千谷校・振徳館」は「小千谷民政局立」として認可されたものの、公文書における同校の名称は「長岡降人之幼弱教育場」と記されている。

さらに言えば、明治五年の学制における「小学」「中学」「大学」の階梯も、年齢的な階梯と言うよりはむしろ、東京を中心とする空間の地政学的な構成において規定されていた点が重要だろう。学制は、全国を八つの「大学区」とし、その「大学区」を三二の「中学区」に分割し、さらに一つの「中学区」を二一〇の「小学区」で組織する学校制度を提案している。「小学校」「中学校」「大学」は、教育段階の制度化であったが、それ以上に、帝国大学を中心とする教育空間の地政学的構成を意味していたのである。事実、学制による「小学校」は六歳から四〇歳をこえる人々が通う学校であり、「小学校」「中学校」「大学」という区分は、年齢段階による学校の区分というよりはむしろ、教育空間の中央集権的なハイアラーキーを意味していた。このハイアラーキーにおいて上級の学校に進学することは、地域から離脱し中央へと身体を移動させることを意味している。東京大学を頂点とする教育意識、地域の学校を中央のサブシステムとみなす意識は、学制において準備されていたのである。

山本比呂伎の創設した「小千谷校・振徳館」は、小千谷という場所を中軸として地域と地域が交流し、地域と中央が循環する教育空間を構成している。「長岡降人之幼弱教育場」として認可された創設時においても、同校に集う戦争孤児たちは長岡藩にとどまらず諸藩に及び、創設直後には小千谷と小千谷近郊の子どもたちが通う学校へと展開し、数年後には東京からの寄宿生も集う広い地域を基盤とする学校へと発展している。このような地域を中軸とする水平的で循環的な教育空間は、この学校が、士族の教育伝統を継承しながらも、商業を基盤とする文化の交流圏において発展したことを示している。

小千谷は縮商を中心とする商業都市であった。「小千谷校・振徳館」の創設に尽力した山本比呂伎は中越地方五番目の豪商であり、山本とともに同校の「世話係」をつとめた久保田弥三右衛門は中越二番目の豪商、同校に多額の基金を提供し続けた西脇吉郎右衛門は中越最大の豪商であった。商人の儒学文化の伝統については、大坂商人のアカデミアとして発展した懐徳堂の教育が知られている（ナジタ、一九九二）。懐徳堂における教育のエートスが「経国救民」（政治秩序の確立による民の救済）に求められたように、「小千谷校・振徳館」における教育空間の構成も政治倫理の啓蒙による「救民」を主題としていた。

山本比呂伎における教育の公共圏の思想が、「小千谷校・振徳館」を生んだ地域の学問と教育の伝統を基盤として形成されたことは確かである。しかし、その公共圏の思想が、具体的にどのような思想によって構成されたのかを明示することは困難である。「小千谷校・振徳館」の教育内容は漢学、国学、神道、洋学、手習いなどのハイブリッドな組織で特徴づけられるが、その公共圏の思想も複合的で折衷的な思想の産物として形成されているからである。その生成の内側に接近する前提として、山本比呂伎を中心とする小千谷商人の学問と教育の伝統を概観しておこう。

山本比呂伎は一二歳から六年余り、小千谷の藍沢南城の主宰する家塾、三餘堂で学び儒学の教養を身につけている。山本は、神道、国学の造詣が深かったが、彼の神道、国学への傾斜は、小千谷における学問の開拓者、神南誠敬を追慕した結果と言われている。神南誠敬は、『和訓の栞』の著者として知られる阿波の津（三重県津市）の仮名学者、谷川士清の薫陶を受けている。さらに山本比呂伎は、山崎闇斎が儒学と結合して創始した垂加神道を修めていた。これらの教養を基礎として、山本は「小千谷校・振徳館」における教育活動に傾倒しただけでなく、生産所、保進社、漆園社、農談会などの企業や公職の活動に傾倒した小千谷の代表的な知識人であった。

小千谷の町の学問と教育の伝統の厚みについても言及しておこう。小千谷の寺子屋は享保年間から存在が認められ、天保年間には一つの寺子屋、遍照庵に男二三〇人、女一一〇人が在籍した記録も残されている。寺子屋レベル以上の教育を求める者は、儒学を教える家塾に通っている。天保年間には、片貝村に折衷学を教える朝陽館が開設、門下生は六〇〇名に達している。朝陽館の師を父とする藍沢南城は、北条村に三餘堂を開き、小千谷からは山本比呂伎を含む四一名が塾生として折衷学を学んだという。朝陽館は耕読堂と名称を変更し、江戸に遊学した丸山貝陵が塾主となって明治元年まで教育活動を展開している。慶応三年の状況は、男の塾生六五人、女の塾生二三人であり、素読（四書・五経・文選）と講義（蒙求・文章軌範・八大家文・国史略・十八史略・春秋左氏伝）と習字（正草仮名数字・干支・三字経・千字文など）が教えられ、修業年限は五年から七年ほどであった。

幕末期の小千谷の学問の活況を象徴する人物として、和算家の佐藤雪山と究理学者の広川晴軒をあげることができる。佐藤雪山は、『算法円理三台』において和算の方法で無限級数の展開式を考案したり、区分求積法による積分の計算式を提示している。佐藤雪山の門下生は多く、遠く江戸、野州、長州からも多くの塾生が遊学した記録が残されている。他方、究理学と天文学を探究した洋学者、広川晴軒は、『三元素略説』において「温・光・越素」（熱・火・電気）の三元素が本質的に同一の現象であることを主張した。広川は、維新直後、小千谷に「洋学校」を建設することを柏崎県庁に建白し、明治一〇年に江戸から帰郷してからは私塾「算学舎」を設立している。

一方、「小千谷校・振徳館」の直接的な基礎となった長岡藩の崇徳館では、儒学の伝統に加えて洋学が活況を迎えていた。後に「小千谷校・振徳館」の校長となった崇徳館の都講（校長）山田愛之助は、崇徳館で藩儒院秋山景山に学んだ後、江戸に遊学して伊東玄朴のもとで蘭学を修めている。また、小山良運、小村準碩、小林誠卿、吉見雲台などは緒方洪庵の適塾、その他、長崎で蘭学、医学を学んだ者も多い。「米百俵」で知られる小林虎三郎は、佐久間象山に師事し勝海舟とも親交があり、後に幕府目付役となった鵜殿団次郎は、江戸で英学、蘭学、数学、天文学、航海学などを学んでいる。このような洋学研究の過剰な傾向を懸念して、一時、藩当局は洋学を学ぶ者に対する許可制を導入するほどであった。

「小千谷校・振徳館」へと合流した学問的・教育的水脈は、ハイブリッドな性格を持っていた。儒学の諸派、国学、和学、神道、蘭学の境界線の越境、および、藩学、寺子屋の境界線の越境、士族文化、商人文化、農民文化の境界線の越境という、多層的な文化の混淆が、「小千谷校・振徳館」の成立の基盤を形成していた。学問と教育の公共圏が地域を基盤として学校という場に成立する筋道を、「小千谷校・振徳館」の歴史は示していると言ってよい。

「小千谷校・振徳館」の生徒の構成と教育内容に、文化の公共圏の成立の徴は表現されている。創設当初は、旧長岡藩の子弟のアジールとして成立した「小千谷校・振徳館」は、次第に、小千谷の豪商、富農、村役人の子弟や諸藩の子弟が通学する学校へと発展し、明治四年一二月の『学校日誌』には、在塾生三一名、通生二七名の計五八名が、「漢学」「皇学」「算学」「洋学」の四つの領域に分かれて学んでいたことが記録されている。

この教育と文化の公共圏は、しかし、明治五年の学制によって破壊されることとなる。中央政府と柏崎県庁による「欧化＝近代化＝植民地化」の断行である。明治五年一〇月四日の小千谷校の『学校日誌』は、学制の学校への移行後の「課目」に関する県庁から指導された「教授方概略」を記している。それによると「読本読方」（但し訳書を主とし用ゆべき事）「暗誦並書取」（童蒙必読、単語篇の類）「修身口授」（小学、勧善訓蒙の類）「算術」「習字綴字」「温習」「読本輪講」（天変地異、西洋事情の類）「地学輪講」（日本区尽、与地誌略の類）「理学輪講」（博物新篇、究理図解の類）「史学輪講」（外史、万国新史の類）「作文」「修身学」（論語）「法学」（万国公法の類）が、教育内容として指導されている。さらに県は、「大試」の実施のために「生徒上級之向」をさしだすよう指導している。

この政府と県による教育内容の一方的な「欧化＝植民地化」と「試験」による序列化の指導に、小千谷校・振徳館の山本比呂伎は憤然と抵抗し、ついには辞表を出すにいたる。市内の子弟の多くが通う家塾、三餘堂でも学制への抵抗が認められる。三餘堂を経営していた藍沢雲岫は「欧化＝植民地化」の統制に憤って家塾を閉鎖している。「欧化＝植民地化」によって教育の公共圏を破壊した傷は深い。新潟県の就学率は、明治後期にいたっても北海道・沖縄を除いた府県中、最低であった。

5　モノローグからダイアローグへ

忘却された歴史と創作された歴史

小千谷校・振徳館の歴史は、百年以上にわたって人々の記憶から忘却されていた。身体の記憶にとどめていた人々は存在したにもかかわらず、「賊徒」の刻印を付された歴史の記憶は公的に語られることはなかった。反逆の歴史の宿命だろう。この忘却の記憶は、創作された記憶と対比すると、その性格がいっそう明らかとなる。

第二次世界大戦の最中、旧長岡藩士による学校創生の物語が、教育の美談として人々の喝采を浴びている。「小千谷校・振徳館」の話ではない。明治三年六月に長岡に開校した「国漢学校」の創生にまつわる教育美談「米百俵」である。この美談の創作者は山本有三であった。山本有三は、戊辰戦争で廃墟と化した長岡において、旧藩士の処遇を預かる大参事（老中）の小林虎三郎が、三根山藩から長岡藩への見舞いとして贈られた米百俵を、飢えに苦しむ藩士の反対を押し切って学校創設の基金に投じた偉業に感銘し、「米百俵」と題する戯曲を書き上げている。「米百俵」は、昭和一八年に新潮社から初版五万部という、当時としては破天荒な部数で出版され、築地の東京劇場で上演されて喝采を浴びている。

ところで、著者の山本有三自身が記しているように、小林虎三郎が藩士の反対を押しきって米百俵を「国漢学校」の創設にあてたという確かな証拠はない。「米百俵」の戯曲は、ノンフィクションの体裁はとっているが、フィクションなのである。確かに長岡藩が三根山藩から贈られた米百俵の一部を「国漢学校」の創設基金にした事実は記録されているが、小林虎三郎の伝記にも他の史料にも、山本有三の描いた教育美談を確認することはできない。この美談は、史実のかたちをとって語られた山本有三の創作物語であった。

山本有三が「米百俵」という教育美談を創作した意図は、山本五十六を輩出した長岡の教育伝統を全国にアピールするためであったと著者自身によって明言されている。戊辰戦争のトラウマと言うべきだろうか、「米百俵」の教育美談は「聖戦」の志気を鼓舞する文学として創作されたのである。しかも、「米百俵」の物語は、戦後、いっそう人々の共感を呼んでいる。舞台となった長岡は、戊辰戦争において町の大半を焼失したが、昭和二〇年八月一日にも米機の空襲で全市が焦土と化している。「米百俵」の物語は、今度は、焦土と化した国土を教育によって再建する希望を表象するものとして、人々の喝采を浴びたのである。

他方、「小千谷校・振徳館」の歴史は、戦後においても想起されることはなかった。いくつかの契機はあった。たとえば、近代教育史研究の開拓者、東京大学の海後宗臣は、戦後まもなく、明治初年の教育の地域における実態を調査するため、小千谷小学校を訪問している。海後は、当時、教育学部の学生であった小林哲也（後、京都大学教育学部教授、比較教育学）に小千谷小学校の講師として一年半の経験を積ませるが、「小千谷校・振徳館」の歴史については、どこにも記していない。もし、このとき海後が『学校日誌』に触れる機会があったならば、わが国の近代教育史研究は、まったく異なった展開を遂げただろう。

山本比呂伎の学校創設の「建白書」から柏崎県庁の認可の文書、および草創期の学校のカリキュラムと生徒の名簿等を記した『学校日誌』が発見されたのは、小千谷市百年史の編纂作業においてであった。小千谷小学校の桑原校長が市史関連の史料を探索したところ、学校の倉庫の奥から『学校日誌』が発見されたのである。「小千谷校・振徳館」の歴史は、こうして『小千谷市史』に記載されるとともに、桑原校長の後を継いだ星野校長によって編集執筆された『小千谷小学校史』にも記述されている。

しかし、「小千谷校・振徳館」の歴史は、市史と学校史において叙述された以上の意味を獲得してはいない。わずかに、同校の歴史に関心を抱いたジャーナリスト立石優が、浮浪する長岡藩士の子ども勇三を主人公とし、彼に対する村人の救済の物語を記した『学校物語――雪国・小千谷に生まれた日本最初の小学校』（一九九五年）を著して、同校を最初の公立学校として記しただけである。しかし、同書も、第二次世界大戦後の浮浪児の生活と重ね合わせて、小千谷を彷徨した旧長岡藩の子どもが描かれ、人情ものの大衆小説に近い叙述にとどまっている。しかも、同書はノンフィクションの体裁をとっているが、登場人物もドラマの展開もフィクションで構成されていた。「米百俵」において創作された語りは、「小千谷校・振徳館」の回想において再生産されていた。

内乱の記憶

「小千谷校・振徳館」の歴史は、小千谷小学校で一九九四年四月から一九九八年三月まで校長として着任した平澤憲一によって再び甦っている。その契機は、一九九五年に起こったいじめ事件にある。

一九九四年のことである。平澤校長のもとに「いじめをすぐ止めさせろ」という匿名の電話が入った。いじめられている子どもの母親の代行による電話であった。いじめられている子は、父親が犯罪をおかして刑務所に入り、四月に小千谷小学校に転校して来ていた。父親の噂は小千谷の町にも伝わっていたため、転入した当初からどの子もその子を無視し、掃除のときなどにはその子の机だけが一つ残されるという有り様だったという。平澤校長は、ただちに担任教師とともに母親を訪問して指導の不備を謝罪し、学級の子どもたちと話し合い、学級の保護者たちとも話し合うことを約束した。この母親は、保護者の会には自ら参加して事情を説明し意見を表明する意志を校長に伝えている。

問題の解決は難航した。子どもたちに対する指導では、これまでいじめられた体験をもつ子どもの悲痛な訴えや、いじめてきた子どもたちの泣きながらの反省をまじえた話し合いによって解決の見通しをつくることができた。難航したのは、保護者の会であった。いくら校長が親たちに事件の重さについて報告し、家庭における指導を懇願しても親たちの多くは憮然としたままである。親たちの求める解決は、まったく別のところにあった。「教師に責任をとらせて担任を代えろ」という要求である。この雰囲気に耐えきれず、ついには、抗議を表明する意志で参加したはずのいじめられた子どもの母親が、父親が犯罪者であるために迷惑をかけてしまったと謝罪の気持ちを告白し、泣き伏してしまう状態であった。この発言に呼応して不登校に悩む一人の母親が、親と教師が協力しなければ問題は解決しないと訴えるのだが、多くの親は家庭における指導の要請に対して納得しないままであった。その夜、不登校の子の母親はいじめられた子の母親のアパートに泊まって励まし続けたと言う。

その後、いじめられた子どもは、校長と教師の援助と市内の柔道大会での優勝を契機として明るく学校生活をおくるようになる。他方、この学年の子どもたちは、平澤校長の特別授業によって知った「小千谷校・振徳館」の誕生の物語を卒業前に演劇で表現する活動を企画し実現してゆく。「賊徒の子ども」が町の子どもたちのいじめに耐え、山本比呂伎の創設した「小千谷校・振徳館」によって守られる物語である。そして、この子どもたちの演劇の取り組みが、二年後の子ども・教師・保護者による「構成劇・学校の創生」を準備したのである。このいじめ事件がなければ、私が「構成劇・学校の創生」の脚本づくりを引き受けることもなかっただろう。

この事件からもっとも多くの教訓を学んだのは平澤校長だった。教師と保護者との協力は並大抵のことではない。「教師が専門家としていっそうの責任をはたし、保護者が親としてのいっそうの責任をはたすことを追求するなかでしか、教師と保護者との連帯は生まれない」ことを学んだと、平澤校長は語る。

参加へ

教師と親とが教育の責任を共有する一つの実験が、平澤校長と私の間で企画され、同校の教師と保護者の協同によって実行された。親が教師とともに授業づくりに参加し、教室で子どもたちと学びを共に体験する試みである。旧来の「授業参観」の方式を廃止して、親と教師が共に授業をつくり子どもたちと共に学ぶ「学習参加」の方式である。この実験のモデルとなったのは、同校の校舎の中心に位置する障害児学級であった。障害児学級では、モノ作りの作業が授業の中心になるから「授業参観」のときも親が一緒に参加することが多い。親の参加は、教室の大人と子どもの関わりに柔らかさをもたらし、親同士の連帯も生み出していた。

最初はいくつかの教室で開始された「学習参加」だったが、半年後には、同校のすべての教室で実施されるようになった。毎月二回「学習参加」の日が定められ、各教室の学習テーマの一覧が「学校便り」によって配布されて、保護者は自由に教室を訪れて授業づくりに参加するのである。当初は、自分の子どもの傍らで参加する保護者が大半だったが、回数を重ねるうちに自分の子ども以外のグループや他の教室の関心ある主題の学習に参加する保護者が増えている。また、当初は、母親中心の参加であったが、次第に地域の老人の参加が増え、父親たちの参加も増えていった。さらに「学習参加」の日以外の通常の日にも、自主的なボランティアとして授業づくりに協力する保護者や市民も現れ、同校は、地域に開かれ地域の人々と協同する学びの公共圏のセンターとしての機能を獲得しつつある。毎月二回の「学習参加」の取り組みは、二〇〇〇年で四年目を迎えたが、常時、保護者の参加は八割にも達したと言う。

山本比呂伎の水墨画の一つに「讃竹図」という書画がある。小ぶりの竹が群生している一角の風景を根元から描いた掛け軸である。その絵には次の山本の言葉が記されている。

「親の根の涼しき露を置き敷くは、その若竹の影にぞありける」

親竹は育ちゆく若竹の影によって根もとを涼しくし潤いを得ることができるという意味である。子どもという存在がもたらす恵みをうたった親の讃歌である。山本が「賊徒の子ども」の救済と「小千谷校・振徳館」の創設に私財を擲ち、極刑を覚悟して尽力した背景には、最愛の妻と息子を失った喪失の哀しみがあった。子どもを育てる事業は、親の責任であると同時に、その子どもや親の帰属する共同体の公共の事業であり、その恵みは親と共同体の構成員がともに享受すべきものなのである。

コミューンの記憶

一九九八年一月八日、「構成劇・学校の創生」が市民の絶賛の中で成功を収めた三カ月後、山本比呂伎の学校創設の「建白書」をはじめ開校当初の『学校日誌』を発見して近代教育史の書き換えを迫った小千谷小学校の元校長、桑原芳太郎氏が自宅で逝去された。その枕元には、前日の『朝日新聞』の「社説」欄が開かれていたと言う。その「社説」は「学びの共同体へ」と銘打って、小千谷小学校の創設の偉業と「学習参加」の挑戦への賛辞が未来を開く教育の意志として謳われていた。

桑原氏による史料の発見と検証がなければ、同校の歴史は「明治六年創設」という正史の記述でしか語られることはなかっただろう。事実、桑原氏は史料を発掘した直後、その真偽を東京大学史料編纂所に持ち込んで検証した後、急遽、創設百周年事業を五年早めて実施したのである。地域の闘いの歴史は国家の正史の背後に隠されている。忘却された歴史を身体の記憶の歴史として喚起する闘いが求められるのである。

明治元年に創設された「小千谷校・振徳館」は、翌年、柏崎県の財政難のために公立学校としての認可を取り消され、山本比呂伎の私設の学校として持続することになる。その間、山本をはじめ、小千谷の人々は何度も柏崎県に再認可の申請をくり返しているが、一年以上も受け入れられてはいない。この経緯に関する資料は乏しいが、この事実一つの中にも、公共圏の近代化をめぐるヘゲモニーの激しい闘いの痕跡を読みとることが可能である。

明治三年、小千谷と周辺の七三五カ村は、柏崎県から独立して「小千谷県」を建設する一揆の運動を起こし、四二〇カ村の嘆願書を政府の民部省に提出するという事件を起こしている。民部省はこの嘆願書の受諾を拒否し、柏崎県に通報して運動は直ちに弾圧された。主導者の庄屋六人は「皇室」を「あざむきし」罪として数カ月拘留されるが、人々の抵抗に屈して柏崎県は、彼らを釈放し、再び庄屋と年寄役に任命している。「小千谷校・振徳館」の認可に対する柏崎県の一方的な取り消しが、この「小千谷県」独立運動に対する抑圧と制裁としての意味を担っていたことは想像に難くない。

「小千谷校・振徳館」の歴史の語り起こしは、学びの公共圏の記憶として、さらには、地域のコミューンの記憶として、抑圧され制圧された地域を基盤とする近代化の可能性の記憶として甦ったのである。

6 身体のアーティキュレーション——学びの関係論

学びの公共圏は多様な身体のアーティキュレーションが複数的に交差する空間である。「構成劇・学校の創生」の作曲と編曲に携わられた三善晃さんは、小千谷小学校の平澤校長の要望で記した色紙に「自らの心・息、心の音・意」と書かれた。学びや表現の前に身体の情動があり、その身体の情動の基礎に息づかいがある。そして、心の波動を音のように象って現れるものが意識だろう。息づかいは自らの存在を表出するもっとも原初的な現れであり、意識は無意識の心の音が言葉として声として結晶したものにほかならない。ジェームズやベルグソンを持ち出すまでもなく、この息づかいと意識とは、身体のアーティキュレーションそのものであり、絶えず流動し変転している。この息づかいと意識化を生み出す身体のアーティキュレーションの中に、生きることと学ぶことと表現することとの本源的な結びつきがある。「人はなぜ歌うのか」という根源的な問いを音楽表現の本質として探究されてきた三善晃さんの一つの解答が、この色紙には込められている。

同様の要請に応えて私は「學・edu-care」と色紙に記した。「學」という文字には、学びが内包する人と人の関係が内包されている。「學」の上部の中心にある二つの「メ」はいずれも「交わり」を意味している。上の「メ」は垂直方向の「交わり」、すなわち天（祖先の霊＝文化遺産）との「交わり」、下の「メ」は水平方向の「交わり」、すなわち子どもと子どもとの「交わり」を意味している。この二つの「メ」の両側にある「𦥑」と「ヨ」は、子どもの「交わり」に心を砕き世話をする大人の「両手」である。学びはその「交わり」に心を砕く大人のケアによって成立するのである。「學」という字は、さらに学び舎の屋根を意味する冠とその中心に位置する「子」によって構成されている。

この「學」の思想は、山本比呂伎の「建白書」の中において、「教之方束切駆切する事なく、労之、来之、匡之、直之、輔之、翼之、遊優して自から不倦しめ、正に水之潤染し江河之科に満て進む如く、駿々乎本然固有之徳性を成就せんと要す」（教える方法は、決して急いで追い立てることなく、いたわり引き寄せて、まちがいをただし、援助して、悠々とのびのびと学ばせ、倦きることのないようにして、水が潤って川の窪地を満たしながら進むように、人間が本然として備えている徳性を成就させることが肝要である）と記されていた。

この山本の「建白書」に表現されている「教」の概念は、大人が一方的に子どもを操作対象とする近代の「教育」（education）の概念ではない。「教育」（education）の制度化によって消滅した「edu-care」（生きとし生けるものの成長に心を砕くこと）としての「教育」の概念である。大人が子どもの能力を一方的に引き出す近代の「education」とは異なり、「edu-care」としての「教育」は、ケアリングという他者の脆さや要求に応答する関わりを基盤として成立する。「慎みて寛に在れ」と言われ「天性の真」を基本原理とした山本の自然主義の教育は、edu-care の思想を基礎としていたのである。

合唱構成劇「学校の創生」は、オープニングと同じ川岸の舞台で四人の現代の子どもが風の中に声を聴くエピローグの言葉で終盤を迎える。言葉になる前の身体の響きに耳を澄ますこと、名づける前のモノの動きに身体を響かせること、そして、想像力に依拠して、私の内なる風景を他者の内なる風景と重ね合わせること、公共圏の基盤は、このような身体の動きの中に準備されている。「学校の創生」のエピローグは、現代の子ども四人による次のような語りかけに続けて、フィナーレへと向かう。

和也「僕たちは、風の中に、たくさんの声を聴くことができる」
雅美「私たちは、ひとつの音の中に、たくさんの音を聴くことができる」
真美「私たちは、ひとつの声の中に、たくさんの声を聴くことができる」
敏子「私たちは、ひとつの歌の中に、たくさんの歌を聴くことができる」

フィナーレ・主題曲・合唱

学校讃歌

作詞・佐藤 学、作曲・三善 晃

朝陽すきとおる空の下で
山はほほえみ雲と遊ぶ
小さないのちの息吹をうけて
今　よみがえる一つの言葉
心くだいて　小千谷の友よ
ここに学び　語りあおう
つつしみの心は寛く
風となって空をかける

夕陽ひろがる川面を見つめ
つづり織りなす人の絆

小さな胸に願いをこめて
今　よみがえる一つの言葉
哀しみ燃やして　小千谷の友よ
ここに学び　憩いあおう
つつしみの心は深く
川となって大地をめぐる

夜明けをちかう星をさがして
きざみつづける学びの歴史
小さなからだを希望で焦がし
今　よみがえる一つの言葉
歓び交わして　小千谷の友よ
ここに学び　歌いあおう
つつしみの心は淳く
声ひびかせて未来をつくる

7　声を響かせること――学びの公共圏へ

「小千谷校・振徳館」は、学びの公共圏を創出した歴史的な事件であった。その公共性の水準の高さは、山本の建白書において同校の創設の中心的な目的が、新しい「下意上達」の社会において将来、選挙によって選出されるべき郷土と国の公僕を育成することに求められていた点からも明瞭である。

この事実は、わが国の公教育の起源が明治五年の学制にあるのではないことを示唆している。小千谷小学校の歴史に即して言えば、明治六年四月に学制に吸収された小千谷尋常小学校よりも、明治元年（慶応四年）一〇月に柏崎県庁の認可を受けた「小千谷校・振徳館」のほうが、はるかに公共性の高い学校であった。「小千谷校・振徳館」は、階層や世代をこえた人々が交わり援助し合い学び合う空間であり、国学、漢学、洋学、神道など多様な文化が交差し合う教育空間であった。明治六年の「学制」への移行は、翻訳教科書の学校への移行であり、成績によって進級（グレード）を序列化される学校への移行であった。文化の自発的植民地化を推進した国家の意志が、小千谷小学校における学びの公共圏を国家に回収し、その植民地化の過程に組み込んだのである。山本比呂伎が、「小千谷校・振徳館」が学制に吸収される際に辞表を提出して同校を去ったのは、この植民地化への抵抗であった。

「小千谷校・振徳館」の歴史は、従来、一体化して認識されてきた「公教育」と「義務教育」と「国民教育」を区別する必要を提起している。「小千谷校・振徳館」の創立は、わが国の公立学校の起源であり、「公教育」の成立を意味している。それに対して明治五年の学制は「公教育」の制度的な回収と再編を意味しており、また、「国民教育」の成立は、国民国家の統合を目的として教育と権力の均質空間を組織した一九〇〇年の小学校令に求めるべきだろう（佐藤、一九九五、一九九七b）。

「小千谷校・振徳館」の歴史は、近代化の出発点に対する通説の見直しを要求している。近代教育史研究の礎石を築いた海後宗臣は、一九二九年と一九三〇年に文部省精神科学研究補助費を受け一九三一年に「明治初年に於ける教育の調査研究報告書」を作成している。この報告書は「学制」以前の文部省の施策を調査し、大学規則中小学規則における小学（大学への予備機関としての小学）と府県に設置を奨励した小学校（民衆学校としての小学校）とは性格を異にしており、それぞれが藩校と寺子屋の伝統を引き継いでいることから、学制以前の制度方針は「複線型の学校体系」にあり、学制の意義がアメリカ型の「単線型」の採用にあったことを結論づけている。さらに海後は、学制実施以前に「小学校またはこれに類する名称をとった学校が成立していたこと」に注目し、沼津兵学校附属小学校と京都小学校、そして愛知県義校などの調査を行っている。

海後宗臣の近代教育の「理念」と「制度」と「実態」の成立と変遷に関する実証的研究は、その後、文部省編『学制八〇年史』(一九五四年)へと結実し、近代教育史におけるアカデミズムの基本的なパラダイムを構成している。その出発点となった明治初年の調査研究の報告書(前記)が、四〇年の歳月をこえて学制百年の一九七三年に『明治初年の教育』(評論社)として刊行されたのは象徴的である。学制以前の教育(「近世の教育」)と学制以後の教育(「近代の教育=公教育」)との発展的な連続性を跡づける意識が海後を中心とする教育史研究の基軸を構成してきたのである。

「小千谷校・振徳館」に見られる学びの公共圏(公教育)の形成は、全国の各地においても確認できる事柄である。幕末期から明治初年にかけて、全国の各地で「郷学」と呼ばれる士族と民衆(農・工・商)の身分差や世代差や性差をこえた学校が創設されている。それらの郷学は「共立」の学校と呼ばれていたが、この「共立」の学校こそ「公立」の学校の原型であり、それらの郷学の教育内容は「小千谷校・振徳館」と同様、国学、漢学、洋学、神道、手習いや裁縫など、学びの公共圏にふさわしくハイブリッドな文化によって構成されていた。明治五年の「学制」は、この草の根の「公教育」を中央の国家へと回収する政策だったのである。

「小千谷校・振徳館」の歴史は、学制以前にも近代の教育の公共圏が地域を基盤として成熟していた事実を示している。学制による近代化は、自発的に文化的植民地化を断行した明治国家による教育の公共圏の回収であり、内地の植民地化政策の断行であった。学制による公教育の制度化は、地域を基盤とする公教育の挫折の歴史であった。

構成劇「学校の創生」は、毎年一〇月、同校の創設の偉業を讃えて、子ども、教師、保護者によって上演されることとなった。同校では「学習参加」を基礎とする「学びの共同体」づくりが学びの公共圏を日々の教育実践をとおして実現する努力として定着し、その歴史の偉業を讃える演劇と合唱が同校の学びの公共圏の祝祭として位置づけられたのである。この二つの歴史的イベントを遂行し演じる身体は、日本の近代が抑圧し排除してきた教育と学びの身体を浮かび上がらせ続けるに違いない。

参考文献

小千谷市史編修委員会、一九六九〜、『小千谷市史』、上巻、下巻、資料編、小千谷市教育委員会。

小千谷校・振徳館、『学校日誌』(明治元年〜明治七年)、小千谷小学校所蔵。

小千谷小学校史編纂委員会、一九七七、『小千谷小学校史』、上巻、東峰書房。

海後宗臣、一九七三、『明治初年の教育』、評論社。

佐藤　学、一九九五、「『個性化』幻想の成立――国民国家の教育言説」、森田尚人・藤田英典・黒崎勲・片桐芳雄・佐藤学編『教育学年報4・個性という幻想』、世織書房。

佐藤　学、一九九七a、「明治元年創設の公立学校――柏崎県小千谷民政局立『小千谷校・振徳館』」、藤田英典・黒崎勲・片桐芳雄・佐藤学編『教育学年報6・教育史像の再構築』、世織書房。

佐藤　学、一九九七b、「教育史像の脱構築へ――『近代教育史』の批判的検討」、藤田英典・黒崎勲・片桐芳雄・佐藤学編『教育学年報6・教育史像の再構築』、世織書房。

佐藤学脚本・三善晃編曲、一九九七、『学校の創生』、小千谷小学校。

佐藤学作詞・三善晃作曲、一九九七、「あなたに」「学校讃歌」、小千谷小学校。

立石　優、一九九五、『学校物語――雪国・小千谷に生まれた日本最初の小学校』、恒文社。

テツオ・ナジタ、一九九二、『懐徳堂――一八世紀日本の『徳』の諸相』、子安宣邦訳、岩波書店。

2 学校という装置——「学級王国」の成立と崩壊

世代の苦悶を子等とともに悩み、教室を社会に通わせる。（村山俊太郎）

1 装置としての学校

学校は一つの装置（disposition）であり、モノと人と知の配置（disposition）によって特有のシステムと権力空間を構成している。

学校という装置の近代的な性格は、学校制度が発足した一八七二年の「学制」において提示された。まずこの装置は教育する主体と教育される客体とを配置する。「学事奨励に関する被仰出書」（太政官布告）と「学制」（文部省）は「一般の人民必ず邑に不学の戸なく家に不学の人なからしめん事を期す」と宣言し、「人たるものは必ず学ばずはあるべからざるもの」と述べて、皆学の機関としての「小学校」の創設を謳っている。その対象は「一般の人民」であって「国民」ではなかった。「学事奨励に関する被仰出書」は「其身を修め智を開き才芸を長ずる」教育の必要を提起し、「国家の為」と論ずる「空理虚談」の学を排除する方針を示していた。日本の近代学校は「国民教育（national education）」としてではなく「一般の人民」の教育すなわち「普通教育（general education）」の装置として出発したのである。「一般の人民」とは「華士族農工商及婦女子」と規定され、階級と階層と性と世代の差異をこ

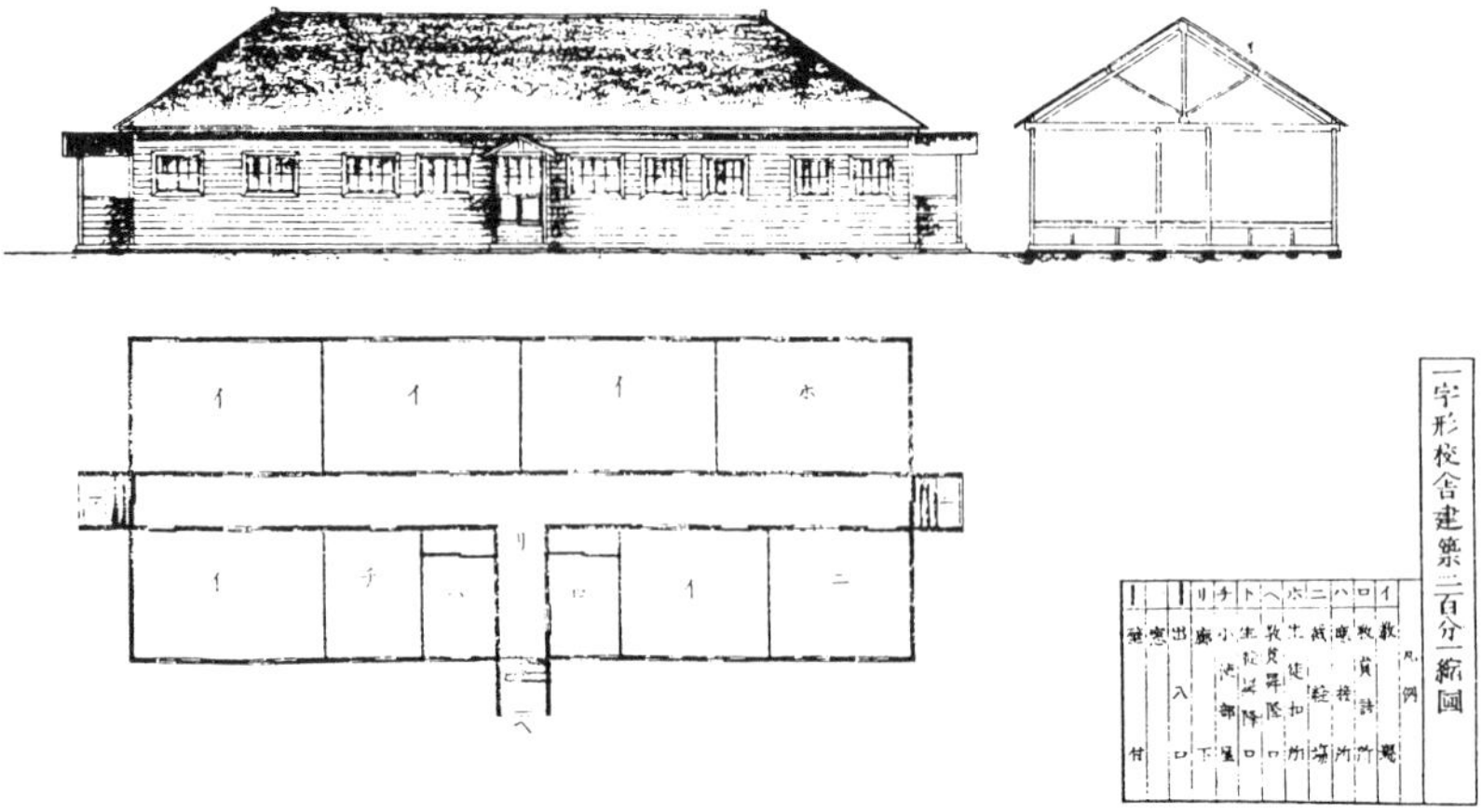

図1「小学校建設図」（文部省，明治6年）のひとつ（東書文庫所蔵）

えた共生のユートピアが構想されていた。事実、「学制」発足時の小学校は六歳から四〇歳以上までの人々が、あらゆる差異を超えて共に学ぶ施設であった。欧米の近代学校を凌駕し近代をも超越しかねない共生のユートピアが、「太政官布告」という前近代の装置によって宣言された点に、その後の日本の学校の皮肉な運命が象徴されている。

学校という装置はモノの配置において空間と境界線を構成する。「学制」が発布された翌年（一八七三年）、文部省は早くも今日の学校の原型となる校舎の模範図を準備している（図1）。その特徴は、藩校や寺子屋が保持していた棲い憩う居住空間の多義性を排除し、教育機能に一元化して構成した無機性にある。内部空間と外部空間の連続性も遮断された。しかも日本の学校建築では、欧米の学校と比べて、内外空間を隔てる境界線はいっそう無機的に作用した。彩りを欠いた学校と教室の無機的なレイアウトは病院と刑務所と似ているし、日本の学校に特徴的な塀は地域と学校の非連続性の象徴である。実際、日本のどの学校にもある校門の鉄のゲートは、欧米では決して見ることができないモノである。欧米において、鉄製のゲートは刑務所の象徴以外の何ものでもないからである。

黒板と教卓と教壇と一方向に並べられた机と椅子によって構成された教室は、その配置それ自体が示すように、もともとキリスト教の教会の内部を原型としており、神のもとでの平等と神への帰依を体験する空間であった。もちろん「学制」以前の日本には存在しなかった空間である。しかし、文部省が例示した校舎の模範図（一八七三年）が、学校建築の規範として一般に普及するのは数十年後のことである。第三次小学校令（一九〇〇年）において制度化される「国民教育」の均質な権力空間が、学校建築の無機的な空間構成とその均質化を促進している。それと軌を一にして、地域の人々が新聞を購読し選挙演説などの政論を交流する公的空間であった学校は、教育機能に純化されて地域との壁を厚くしている。

学校の「空間」を稼動させた近代の「時間」が、この装置の機能を決定的なものとした。一方向的に均質な速度で流れる時間によって、学校という装置は人々の身体を組織する。日々の授業から年間計画にいたるまで、学校という装置は、ことごとく時間によって組織されている。明治期の学校職員の最大の仕事の一つは、この装置に参入する身体を所定の時間によって管理し統制することにあっただろう。おそらくは日露戦争後に一般の学校にも普及した時計によって、教師と子どもの身体はまるごと近代の時間に組み込まれている。学校という装置は、今でも均質で一方向的な時間によって構成された組織である。校長が一週間不在だったとしても、学校は機能し続けるが、時計とカレンダーを失った学校は一日も機能することはできない。「今、何時？」「何時間目？」「今日は何曜日？」「宿題の提出は何日まで？」学校では、驚くほど頻繁に時間に関する問いが発せられるが、その裏側で場所や空間に対する問いは抑制され隠されている。「ここはどこ？」「私は今どこにいるの？」という問いを学校で発したら狂気と見なされるだろう。場所と空間に対する問いが時間への問いの裏側で抑圧されている点において、学校という装置は病院や監獄に似ている。トータル・インスティテューションなのである。

装置としての学校は、文化の配置と階層化によって知と権力を構成した。「学制」は全国を八大学区に分け、一大学区を三二の中学区、一中学区を二一〇の小学区に分割し、それぞれの学区に「大学」「中学校」「小学校」を配置する構想を提示していた。全国に五万三七六〇の小学校（現在の校数の約二・五倍）を創設する壮大な計画である。ここで重要なことは「小学校」「中学校」「大学」の区別が就学の年齢による配置ではなく、地政学的な配置によって構成されたことである。帝国大学（東京帝国大学）を中心とし頂点とする知の配置であり、出身学校による知の階層化（学歴社会）の構成である。この知の編制において「中学校」は「大学」に従属し、「地域」は「地方」へと変貌している。

「学制」による文化の再配置は科目と等級制の導入によって遂行された。藩校と寺子屋のカリキュラムと「学制」の学校カリキュラムの著しい差異は、科目と等級制および等級制による試験を導入した点にある。藩校と寺子屋のカリキュラムは漢籍や往来物の書名で示され、自学自習によって展開される学習の階梯もテキストの書名で表現されていた。ピアノ教室の「ツェルニーの三〇番」というようにである。

「学制」は例示として二七に及ぶ科目を掲げているが、そのすべてがアメリカの教科の翻訳名であった。たとえば、後に「作文」を意味するようになる「綴方」は日本の字体には不要な spelling の翻訳名であった。ここで重要なことは、「学制」で掲げられた二七の科目が、当のアメリカの小学校においてほとんど教えられていなかったことである。アメリカでは公立学校の制度化が一部の州に普及した段階であり、通常の小学校は文字通り「読み書き算」の3Ｒｓ中心の用具教科が組織されていた。地理、歴史、科学などの内容教科が一般の小学校に普及するのは一八九〇年代、音楽や美術などの表現教科が普及するのは一九〇〇年代に入ってからである（Cubberley, 1919）。そもそも識字率や大衆教育の水準において日本の藩校や寺子屋はアメリカの水準をこえていた点も重要だろう。「学制」の科目は、日本国内の文化的植民地化の政策によって提示されていたのである。

等級制とそれに伴う試験は知の階層化の権力として作動した。四年制を上下四級計八段階に区分した「等級」は grade の翻訳語として登場するが、本来「学年制」を意味する grade が、「学制」においては個人の進度の階層化へと置き換えられている。明治初期の学校を特徴づける飛び級は、この等級制によって実現していた。等級制による子どもの配置は、月単位、学期単位、学年単位で頻繁に行われる試験によって遂行された。実際、「学制」は一四もの条文によって細かく「試験」を規定しており、「学制」の学校が「一般の人民」の共生のユートピアを掲げながら、もう一方で、厳しい競争と差別の装置として成立したことを示している。

装置としての学校は、教育言説によって特有の言語ゲームを構成している。「学制」発布の年に文部省は、アメリカ人教師スコットを招聘して東京に師範学校を設立し、一斉授業の様式を導入している。スコットが師範学校で学生に実演した一斉授業を紹介した諸葛信澄の『小学教師必携』（一八七三年）は、次のような授業の様式を伝えている。

読物
一、五十音を教うるには、教師、先ず其教うべき、文字を指し示し、音声を明かにして誦読し、第一席の生徒より、順次に誦読せしめ、然る後、調子を整え、各の生徒をして、一列同音に、数回復さしむべし、但し同音に、誦読せしむるとき、沈黙して、誦読せざるの生徒あるが故に、能く、各の生徒へ、注意すること緊要なり、稍々熟読する後は、草体五十音、及び濁音をも、兼ね教うべし

スコットが伝えた授業の様式は「単語図」「連語図」などを活用した一斉授業の様式であり、教師が発問し生徒が答える「問答法」であった。

単語図を用い、図中の画を指し示し、其物品の性質、或は用い方、或は食し方等を問答すべし、左に一二の例を掲ぐ、
柿という物は、如何なる物なりや、○柿の木に熟する実なり、
何の用たる物なりや、○果物の一種にして、食物となるものなり、
如何にして食するや、○多く生にて食し、稀には、乾して食するもあり、
其味は如何なるや、○甚だ甘し、

初より然るや、○否、青きときは渋し、（以下、略）

こうして、教壇に立つ教師が、「掛図（単語図）」（後に黒板）を中心に「問い」を発し生徒が「答え」で応答するコミュニケーションの様式が成立する。この「開発主義（ペスタロッチ主義）の教授法」と呼ばれる様式は、一八八三年に出版された『改正教授術』（若林虎三郎・白井毅著）によって全国の学校に普及した。『改正教授術』には、「方法書」（指導案）の必要性とその書き方、「挙手」の姿勢や「書板（板書）」の仕方、「着座の体勢」から「立読」の仕方など、さらには授業を反省する「批評の諸点」までが事細かく規定されており、今日まで続く授業の原型がすでに形成されている。

この伝統的な授業の原型は「国民教育」が制度化した一九〇〇年前後には、ヘルバルト主義の教授理論によって定型化され（稲垣、一九六六）、教師の発問と指示によって子どもたちを一斉に集団的に統制する教室のコードが授業の手続きを示した教授理論によって構造化されている。

教育の言説は、教室の言語ゲームの構造を構成しただけでなく、教師と子どもの身体を内側から主体化する機能をはたした。戦前を通して繰り返し語られたペスタロッチの「教育愛」の言説はその最たるものであろう。教師と子どもの家父長制的な関係を国民教育に統合する上で、貧民教育に貢献し家父長制の愛を基盤として国民教育を構想したペスタロッチの「教育愛」ほど有効な言説はなかった。愛の言説は主体を構成する権力である。事実、日本ほどペスタロッチの「教育愛」が過剰に語られた国を他に見ることはできない。しかも、ペスタロッチの「教育愛」の過剰な語りは、本土よりも植民地の教育において、そして中央よりも地方の教育において顕著であった。

しかし、近代日本において学校という装置は、その内部に矛盾をはらんだ装置であった。最大の矛盾は「人民の教育（普通教育）」と「国民の教育（国民教育）」と「臣民の教育（皇民の教育）」の三つの異なる教育を一つの制度の中に並存させた点にある。「学制」が準備した教育は、すでに見たように「一般の人民」の教育であった。しかし、

「学制」における「人民」という表記はその後の公文書では消滅し、「教育令」（一八七九年）では「人民」に替わって「児童」が登場し、「教育勅語」（一八九〇年）においては「臣民」が登場する。他方、「国民教育（national education）」の概念は、田中不二麿と共に「教育令」を起草したデイヴィッド・マレーによって日本に持ち込まれ、森有礼の「学制要綱」（一八八四年）において「国設経済（ナショナルエコノミー）」と並ぶ「国設教育（ナショナルエジュケーション）」として登場するが、この概念が明文化されるのは教育勅語と同年に制定された第二次小学校令の第一条においてであり、その国民教育が実質的に制度化されるのは第三次の小学校令（一九〇〇年）においてであった（佐藤、一九九五）。第二次と第三次の小学校令の第一条は次のように言う。

「小学校は児童身体の発達に留意して道徳教育及国民教育の基礎並其生活に必須なる普通の知識技能を授くるを以て本旨とす。」

この小学校令第一条の目的規定の中に「臣民教育」（「道徳教育」）と「国民教育」（「国民教育の基礎」）と「普通教育（人民の教育）」（「普通の知識技能」の教育）の三層構造が端的に表現されている。この矛盾を含んだ第二次と第三次の小学校令の第一条における目的規定は、この三層構造を「皇国民の錬成」で一元的に統合した国民学校令（一九四一年）まで変更されることはなかった。

欧米における公教育が「人民の教育（普通教育）」と「国民教育」との接面において制度化されたのに対して、日本の公教育は「臣民教育」と「国民教育」と「普通教育」の三層構造を内側に抱え込んで制度化された点で特徴的である。そのため、近代日本の教育は「普通教育」について繰り返し議論しながらも、いっこうにその内実を明瞭にしえないという歴史的な問題を抱え込んで展開した。教育の目的が「皇国民の錬成」から「人格の完成」（教育基本法第一条）へと置き換えられた戦後においても「人民の教育（普通教育）」と「国民教育」の差異は消去されたままであり、「普通教育」は「義務教育（強制教育）」以上の意味を獲得せず、したがって「教育の公共性」は今なお抽象化された概念にとどまっている。

2 学級という装置――成立と再編

学校という装置は、今、歴史的な転換点に立っている。その端的な表現が教室の変貌であろう。明治前期に欧米から移植された一斉授業の様式は、世界の学校において消滅しつつある。黒板と教壇と教卓を中心に一方向に並べられた多数の机と椅子という馴染みの深い教室の風景は、世界の多くの国々では博物館に入ろうとしている。その伝統的な風景にかわって、教室はいくつかのテーブルで構成され、二〇名前後の子どもたちがいくつかのグループで協同的に学び合う風景へと変化している。教室空間の中心軸は黒板と教卓ではなく、それぞれのテーブルで展開される協同の学びにあり、一斉授業を構成していた特有の言語ゲームは自然なコミュニケーションへと変化している。教科書はもはや脇役であり、豊富に準備された学習資料の一部となり、脳のシナプスの結合に収斂されていた学びは、モノやことや人に媒介された活動的で協同的で反省的な活動へと拡張されている。

この教室の変化から著しい遅れを示しているのが、日本を含む東アジアの国々の教室である。実際、一つの教室に四〇名もしくはそれ以上の子どもが密集しているのは東アジアの国々に限定されているし、教科書と黒板を中心とする授業が支配的なのも東アジアの国々に限定されていると言っても過言ではない。

もちろん、日本にも変化がないわけではない。すでに小学校の教壇は大半の教室において消滅しているし、教師の活動を中心とする一斉授業の様式は子どもの学びを中心とする様式へと緩やかに変化している。この変化は、今後、加速度的に進行するだろう。伝統的な教室の風景は、国民国家の統合と産業主義社会の効率性という二つの基本原理を基礎として成立していた。グローバリゼーションとポスト産業主義社会への移行によって、その二つの社会基盤そのものが大きく転換している。変化は必至である。

この教室の転換点において特徴的な現象が「学級崩壊」である。「学級崩壊」と呼ばれる現象において、学校という装置の何がどのように解体し崩壊しているのだろうか。日本の学校という装置における「学級」の成立とその崩壊の歴史的な構造を省察することによって、転換期における学校という装置の危機と可能性について考察することにしよう。

学級の成立

学級の成立の歴史は、国内外で繰り返し語られてきた日本の学校の「集団主義的文化」が、決して自明のものではないことを示している。それどころか、「集団主義」という日本の学校文化のステレオタイプは、個人主義の病理に苦しむ欧米の教育者のオリエンタリズムによる表象であり、全体主義の教育に苦悶する日本の教育者の自虐的な表象から生まれたのではないだろうか。むしろ、日本の学校文化のもっとも深い基底をなしているのは、「自学自習」に象徴される個人主義の文化であることを、学級の成立と解体の歴史は示している。

一六世紀のヨーロッパの大学において成立した「学級」という概念が日本において最初に登場するのは、一八八六年の「小学校の学科及其程度」においてである。この省令は尋常小学校の学級定員を八〇人以下、高等小学校の学級定員を六〇人以下に定めており、「学級」は一つのクラスの許容人数を示す単位を意味していた。「学級」の概念が法的に確定するのは「学級編制等に関する規則」(一八九一年)であり、「学級」は「一人の本科正教員の一教室に於て同時に教授すべき一団の児童を指したるもの」と定義されている。なお、この省令において尋常小学校の学級定員は七〇人未満、高等小学校の学級定員は六〇人未満へと改正されたが、この基準は、国民学校令(一九四一年)までの五〇年間にわたって改善されることはなかった(志村、一九九四)。

「学級」という概念は英語の class の翻訳語であった。しかし、その成立当初から日本の「学級」は特有の意味を帯びている。英語の class は、その一六世紀における成立が「カリキュラム」の概念の成立とほぼ同時であったことが示すように、授業を受ける集団の単位を意味していた。内容の単位と人の単位を結びつける概念だったのである。class という「分類」と「階級」を意味する言葉が付されたのは、その組織がカリキュラムの段階と対応していたからである。英語の class が今日でも「授業」を意味する言葉として使われるのは、その名残と言ってよいだろう。

しかし、日本における「学級」には授業の単位という意味もカリキュラムの段階という意味もない。「一人の本科正教員の一教室に於て同時に教授すべき一団の児童」という定義には欧米の概念の片鱗を認めることができるが、「学級」はむしろ「一教室」の「一団の児童」という意味において定着している。

このように「学制」直後には「学級」という概念は存在しなかったし、「教室」(classroom) という言葉も存在せず、教室は「教場」という言葉で表現されていた。「学級」(class) および「教室」(classroom) という言葉が存在しなかったのは、もともと日本の教育には class を構成する学びの集団が存在しなかったからである。藩校においても寺子屋においても、子どもの学びは「自学自習」によって営まれていた。たとえ「教場」を空間的に共有しようとも、一人ひとりの子どもは異なるテキストを単独で学んでいたのであって、同じ内容を集団的に学ぶ文化は存在していなかった。個人主義を徹底した学びの文化だったのである。

「学制」によって導入されたのは「等級」(grade) であった。この grade も「等級」への翻訳において意味を変容している。アメリカの学校において grade は、同年齢で組織された「学年」を意味しており、学年制を構成する集団を意味していたが、その意味における「学年」(grade) が日本の学校において成立するのは、国民教育を制度化した一九〇〇年の第三次小学校令においてであった。国民教育の樹立という教育経験と権力空間の均質化の要請が、年齢によって平準化された「学年」という集団を成立させたのである。

「等級」と翻訳されたgradeは「学年」とは異なり、個人主義的な概念であった。個々人の学びの進度が「等級」として表現されたのである。藩校や寺子屋においてテキストの種類で表示されていた個人の進度が、近代の学校では上下四級計八段階の「等級」によって一元的に序列化されて表現されることとなった。先に示した諸葛信澄の『小学教師必携』(諸葛、一八七三)は、「等級」の序列化を次のように提案している。

一、生徒をして、乙の級より甲の級に進ましむるときは、先ず、卒業したる諸科を試験し、充分其試験に、及第する者に非ざれば、登級せしむべからず、其落第する者に於ては、尚其級に止めて、諸科を習熟せしむるべし、

一、毎月生徒の学術を試験し、其優劣に従い、一室中の席順を定むべし、然るときは、生徒各学術の進歩を楽み、席順を争い、競いて諸科を勉励するものなり、

この記述にも見られるように、「等級」は「試験」によって飛び級と落第を査定される個人の進度の指標であり、学校内の個々人の序列化の指標であり、個人間の競争の指標であった。一つの教室の中で「席順」において「等級」が表現された点も重要である。『小学教師必携』における教室は、先のスコットの一斉授業の紹介の部分とは矛盾しているのだが、自学自習を行う生徒たちの集合体としてイメージされていた。その教室のイメージは、「学制」発足直後の学校の実態と符合していた。

「学級編制等に関する規則」(一八九一年)で確定された「学級」の概念は「等級」に置き換わるものとして提示されている(宮坂、一九六四)。この「規則」における「一人の本科正教員の一教室に於て同時に教授すべき一団の児童」という定義は、スコットが模範を示した一斉授業が「学級」(同一の内容を同時に学ぶ集団)の成立において現実化したことを意味している。近代学校のシステムは「学級」の成立によって現実的な基盤を獲得したのである。

しかし、学校の実態の変化は緩やかであった。四年制八等級の学級編制を文部省は推進したにもかかわらず、一八九〇年代をとおして単級学校の数は学校全体の半数以上を占めていた。一八九五年に実施された文部省の調査によれ

ば、四年制の小学校の八〇％が三学級以下の学校であり、三六％が単学級の学校であった。三年制の六等級の学校のうち九五％が一学級か二学級の学校であり、そのうち七八％が単級学校であった。

一九〇〇年の第三次小学校令によって「学級」は大きく変貌する。変化は二つの次元で起こった。一つは「等級制」を廃止し「試験」による進級と落第をなくしたことである。もう一つは、その結果「学級」は個人の進歩を意味する階梯ではなくなり、同一年齢の学習集団を意味するものへと変化したことである。この変化は国民国家の基礎となる国民教育の要請によって生じている。実際、第三次小学校令は、第二次小学校令第一条の目的規定を踏襲していたが、国語を成立させ、教育の内容と制度を詳細に規定して均質化していた。教室は国民国家の雛型となった。小学校は、全国のすべての子どもたちが同一の年齢の同一の時間に同一の内容を同一の教室で同一の活動をとおして学ぶ場所となった。国民国家が権力の均質な空間で特徴づけられるように、教育の均質空間が国民教育の機能を達成させる。学校の登校日数、一時間の授業時間、各教科の配当時数などが詳細な規定によって画一化され、一八九一年に定められた祝祭日の学校行事は一九〇〇年の法令によって強制化された。学校の建築空間もこの時期に省令によって画一化され、一九〇三年には国定教科書制度が発足する。学校は国民として共通する文化を学び、国民として共通する体験を共有し、その学びと体験をとおして国民として成長する場所となった。一九〇〇年以前の学校は西洋近代を体験する場所であったが、一九〇〇年以後の学校は大日本帝国という国民国家を体験する場所となったのである。

小学校への就学率が九〇％をこえたのは、ちょうどこの時期であった。日清戦争と日露戦争の間に小学校の就学率は三五％も増加し、一八九五年の六一％（男子七七％、女子四四％）から一九〇五年には九六％（男子九八％、女子九三％）にまで達している。国民皆学の就学率の達成にともなって、教育改革のレトリックは「かたち（制度）」から「精神（文化）」へと移行する。一八九〇年代に創始された運動会は一九〇〇年代に各地の学校に普及し、国民教育の祝祭空間を演出する（吉見ほか、一九九九）。各学校が校章や校旗を定め、学校の教育目標を定め始めたのもこの時期であり、一部の学校では校歌も作られる。教室は、授業と学びの機能的な組織の基礎単位にとどまらず、文化的な行事と儀式の基礎単位であり、共通の文化を経験することによって主体的な国民へと成長する集団の基礎単位としての性格を帯びてくる。

学級経営の成立

「学級経営」という概念が登場するのは、この文脈においてである。この概念もアメリカの教育学の文献からの翻訳語として導入された。学級経営を主題とするアメリカの最初の文献とされるバグリィの『教室経営』(*Classroom Management*) は、「経済的効率性」の原理を教室に導入した最初の兆候を示す著作であり、「社会的効率性 (social efficiency)」を追求し「疑問を持たない服従性」を「効率的サーヴィスの第一原則」に掲げて、軍隊組織、政治組織、企業組織とのアナロジーで学校教育の合理化を論じていた (Bagley, 1907)。

「日本における学級経営の歴史」において宮坂哲文が指摘したように (宮坂、一九六四)、学級経営を主題的に論じた最初の出版物は、茨城師範附属小学校の訓導、澤正の『学級経営』(澤、一九一二) であった。バグリーの「教室経営」が「効率性」を原理として根拠づけられていたのに対して、澤の「学級経営」は「自律性」を原理として提起されていた。澤の『学級経営』は、「学級経営」を「学校経営」の「基礎経営」に位置づけながらも、その自律性を主張した点が特徴的である。澤は、「教権」(教師の人格と権能) を中心に学級は組織されるべきだと論じ、その「教権」は校長の「管権」からの自律性を担保されるべきであると主張した。校長が学校全体の「教権」の主体であるのと同様、教師は学級の「教権」の主体であるべきであると言うのである。教師の「人格的影響」と「教権」を中心に提起された澤の学級経営は、家父長制家族を規範として学級という有機体を組織し経営するレトリックで構成されていた。次のように言う。

「教師は恰も家長の如く、幾十の児童はその愛児として、互に親しみ睦み、規律あり摂生あり、真面目に勤勉に、協同和合の実を挙げ得たならば、恐く学級経営大半の目的を達し得たものといえようと思う。」

この家父長制家族を規範とする「学級経営」のイメージは、その後もくり返し語られ、日本の学級経営に通底するものとなる。前世紀の末に小学校教師の大半が女性となり教育がフェミナイズされたアメリカとは対照的に、今世紀前半の日本の教師の多くは男性であり、学級は「家長」と「愛児」とが擬似的家族を演出する集団として機能したのである。

澤の学級経営は、教室内の「和協」を重視しながらも、子どもの「自習」と教師の「個人的指導」を教育関係の基本としていた点で、「学制」以来の個人主義の伝統を踏襲していた。新たに加わったのが、子どもの資質として「従順」と並んで求められた「自治」の要請であった。澤は「指導には忠実に従うと同時に一方面に於ては、十分自治の精神を以て級風の維持改善を図るの覚悟がなくてはならぬ」と言う。この「自治」の要請も、その後今日まで続く学級経営論の中心主題となり、日本の学級経営のもう一つの特徴を構成することになる。

日本の学級経営における「自治」の性格については、宮坂哲文の「課外教育史」(宮坂、一九五三)の「小学校における児童自治の成立と展開」が重要な指摘を行っている。宮坂は、小学校における「自治」の概念は、日露戦争後に社会教育で展開した「自治民育」の運動を基盤として成立したと述べ、まず教師の管理統制の助手役をつとめる級長の普及として現われ、やがて「学級自治会」や「生徒心得」として普及した経緯を分析している。宮坂の卓見した指摘は、明治の末から大正期に学校に普及した「自治」の概念が「自分のことは自分でする」という「個人的な意味」で語られ、「『共同のことは共同で』という意味はいささかも含まれていなかった」ことを開示した点にある。事実、小学校における「自治」の成立は、「登校時刻の確定、携帯品の整理、服装の整容、用具の調整修補、机内の整頓、教室内の清掃、運動用具の始末、学校園の手入」などの「生徒心得」として具体化されていた。主体における管理の内面化である。宮坂が「官治的な地方自治」の普及を「児童自治」の背景として説明し明言したように、学級に普及した「個人主義」による「自治」は、官僚主義的な管理と統制（「官治」）を主体の内側から支える補完物に他ならなかった。

3 「学級王国」の成立と普及

「学級経営」と題する本が爆発的に普及するのが、大正末期から昭和初期である。大正自由教育の公立学校への普及である。大正自由教育の運動をとおして、学級経営は「学級王国」と呼ばれる「日本型システム」を形成することになる。

大正自由教育については、これまで国家主義の教育に対する個人主義の教育の抵抗として理解されてきたが、むしろ一九〇〇年の第三次教育令によって制度化された国民教育の主体化、すなわち国民国家の内面化として定位し直す必要がある（佐藤、一九九五）。実際、大正自由教育は、第一次大戦前後の国民国家の膨張し濃縮する活力を自らの生命力としており、その指導者の多くは「帝国臣民」としての主体の形成を運動の中心目的として掲げていた。たとえば、西山哲治が創設した帝国小学校の「設立趣旨」（西山、一九一二）は、「帝国文運の進歩」の時代において「徳性の涵養」「独立自治の念」「堅忍不抜の意気」「身体の鍛錬」が欠如している状況を指摘し「学校教育が果して健全なる小国民を国家に提供し得べきかは遂に一大疑問」と述べた上で、「将来の我帝国民として恥ずるなき小国民の養成」を掲げている。同様の性格は、「国家の中堅となり国力の充実を謀るべき覚悟と実力とを有する人物の養成」を掲げた中村春二の成蹊実務学校の「設立趣意書」（一九一二年）など、新教育を主導した一連の新学校の宣言に見ることができる。大正自由教育の指導者たちは、国家への忠誠をとおして国民国家の膨張する活力を新教育の実践に内面化したのである。

大正自由教育において学級は改革の中心舞台であった。新たな展開は、それまで個人の集合と認識されてきた学級を集団として「団体」あるいは「社会（共同体）」として再定位することによって推進された。学級を集団として最初に定義したのは、文部省の普通学務局長として国民教育を制度化し、後に大正自由教育の中心的な実験学校である成城小学校を設立した澤柳政太郎であった。澤柳は『実際的教育学』（澤柳、一九〇九）の「学級論」において、次のように言う。

「従来の教育学に於て論ずる教育は、恰も個人を単位として論ずるが如く見える嫌がある。而して教育の実際を見れば、決して個人を単位とするにあらずして、学級を以て単位として居るのである。」

澤柳は続けて「従前の教育は我が国でも西洋でも個人本位であった」が「今日の教育は団体単位である」と述べている。さらに「学級」を「教授の単位」としてだけではなく「訓育の単位」としても位置づける必要を強調し、そのために「一学級は二十五人乃至三十五人を以て組織する」ことを提唱している。澤柳の「団体本位」の教育学は、八年後に創設された成城小学校においては「個性尊重の教育」へと中軸を移動させている。この「団体」から「個性」への移行は、教育の「形式の殻」の打破と「能率の高い教育」による効率性の追求によって遂行されている（「私立成城小学校創設趣意書」、一九一七年）。

学級を「団体」として認識し、その「団体」を基盤として「個性」につなぐ筋道は、教室内に「分団」（班）を導入した明石師範附属小学校の及川平治においても共通していた。及川は「能力不同」である教室内の子どもを「急進、普通、遅進」の「分団」に分けて教育する『分団式動的教育法』（一九一二年）を提唱した。及川は学級における指導を「全般的教育」（全体の指導）と「分団的教育」（班の指導）と「個別的教育」（個人の指導）の三つの形態を組み合わせて展開する方法を提示している。及川の創始した「分団」は、日本の教室を特徴づけている「班」の起源と言ってよいだろう。

及川の「分団式動的教育法」の目的が「善き日本人」としての「有能者」の養成にあった点に留意しておきたい。及川は「善き日本人とは、個人として家族として社会の一員として、又国民として有能《エフィセンシー》なる者をいう」と述べている。「エフィセンシー」とルビが打たれた「有能なる者」の教育は、その後及川がアメリカに留学して日本に紹介することになるボビットに代表される「社会的効率主義（social efficiency）」の教育運動の中心概念であった。ボビットは、カリキュラムと教育経営に近代的労務管理の科学的方法であるテーラー・システムを導入した最初の教育学者であった。ボビットは学校教育の「生産性」と「効率性」を高めるために大工場のアセンブリ・ライン（流れ作業）の様式をカリキュラムの経営に導入することを提唱し、「生産目標」を翻案した「教育目標」で授業の過程を統制し、「品質検査」を翻案した学力検査（試験）によって教育結果を評価する方式を開発している。ボビットは、学校を「工場」、子どもを「原料」、教育目的となる大人を「完成した製品」、教師を「作業員」、視学官を「職制」、校長を「工場長」、教育長を「経営者」と表現している（佐藤、一九九〇）。

国民国家の自律的主体の形成を目的とする学級経営論は、大正自由教育においてもう一つの潮流を生み出している。「学級王国」としての学級経営論である。「学級王国」という言葉は、「自律自治」を掲げて「自由教育」を推進した千葉師範附属小学校の学校要覧（一九二〇年）において登場し、その指導者であった手塚岸衛の『自由教育真義』（手塚、一九二二）においてその様式が提示された。同校の学校要覧は「経営は学級本位にしてこれが責任は担任教師に在ると同時に、濫りに他の干渉を許さず。吾等に『学級王国』の標語あり」と宣言している。

「学級王国」という言葉は、二つの内容を意味していた。一つは「濫りに他の干渉を許さず」と謳われた教師の自律性である。学校の下部組織として配置された学級は、それ自体として自律した自治空間として再定義され、校長や同僚からの干渉を排した担任教師の自律性が主張された。

「学級王国」のもう一つの意味は、学級が子どもたちの「王国」となる「自律自治」による学級経営の様式である。「学級王国」として編制された学級は、日本帝国のミニチュアであった。選挙によって選出される会長と役員によって運営される「自治会」は帝国議会に相当し、「写生遠足会」「自治集会」「学芸発表会」「展覧会」「理科祭」などの事業を「自治的修養」として企画し実施した。いわば国体のミニチュアが「学級王国」として構成されたのである。手塚による「自由教育」は、子どもの「自由」から出発し「自治」によって「国家」へと連結する「自律修養」を基本原理としていた。

大正自由教育の東のメッカである千葉師範附属小学校において提唱された「学級王国」は、数年後には、西のメッカ奈良女子高等師範附属小学校においても唱和され、より積極的に推進されることになる。同校の代表的な実践者の一人であった清水甚吾は『学習法実施と各学年の学級経営』において、学級経営の目的を「学級王国の建設にある」と述べ、より徹底した「連帯責任」と「協同自治」による学級経営の方式を提案している(清水、一九二五)。

清水の教室で学級はまず「分団」(班)に組織され、その「分団」が毎日交代で「学級当番」となって運営された。「学級当番」は「学級の学習の用意」「学級の清潔整頓」「掃除当番の検閲」「日誌」「自治会の主催」などの役割を担っている。さらに、学級「自治会」の「部署」として「整理部」「学芸部」「図書部」「実験実測部」「学習新聞部」「装飾部」「学習園部」「運動部」「出席調査部」「学級会計部」「保護者後援会委員」「幹事」が定められ、自主的・自治的運営にあたっている。教科の学習にも「協同自治」の方式が適用された。学級の子ども全員が希望によって「修身部」「読方部」「算術部」「地理部」「図画部」「体操部」「唱歌部」に分かれて、担当した教科の授業の経営をサポートする役割をつとめている。

手塚の「学級王国」と比べ、清水の「学級王国」は、いっそう細かく構造化された役割組織で構成されている。今日の教室まで続く班、日直、係、学級自治会などによる協同自治の複合的な教室組織は、「学級王国」において成立したのである。この協同自治を追求する複合的な組織形態は、諸外国の教室には見られない日本特有の様式であり、「学級王国」は教室の「日本型システム」と名づけてよいだろう。「学級王国」は、先に示したように「国体」のミニチュアであった。「学級自治会」は議会であり、「部（係）」は省庁であり、「班」は町や村の自治会に対応していた。この「学級＝国体」において教師は「天皇」であったと言えよう。子どもたちが「連帯責任」の「集団自治」で学級を経営し、教師が「天皇」のようにリモート・コントロールで統制する教室経営の方式が、「学級王国」の成立によって実現したのである。この「学級王国」の様式は、昭和期に入ると公立学校に急速に普及した。清水の『学習法実施と各学年の学級経営』はわずか三年で四六版も出版されたと言う。

一九二〇年代の「学級王国」の成立は、一九〇〇年に制度化された「学級」という同年齢集団を「社会（共同体）」へと再構成して成立している。一九〇〇年まで日本の学校を支配していた個人主義の文化は、「学級王国」によって集団主義の文化へと転換したのである。

東京女子高等師範附属小学校で作業主義教育を推進した北澤種一の『学級経営原論』（北澤、一九二七）は、この転換の原理を提示している。北澤は、「学級教授」は学級を「全体」として扱ったとしても「全体としての社会生活」を実現する余地がないと述べ、学級経営を「個人」中心ではなく「団体」中心へと転換するためには、「生活団体」として学級を位置づけなければならないと主張している。北澤によれば、学級は「教授」の組織である以上に「生活団体」であり、生活を基盤とする「学習」は「作業」へと移行すべきなのである。さらに北澤は、学級を「真の生活共存体」、子どもを「共同作業者」と表現したが、その「共存体」は「生活団体」の共同体であり、授業において構成される学びの共同体ではなかった。この性格は、日本の教室の共同性の今日まで続く特徴であり、同様のレトリックは、この時期に出版された多くの学級経営論に共通している。北澤の『学級経営原論』も広く普及しており、五年間で二六版を重ねている。

二つの学級モデルとその結末

一九〇〇年の第三次小学校令による国民教育の確立によって制度化した「学級」は、その後、二つのモデルに支えられて展開してきた。一つは「学級王国」に象徴される「国体」モデルであり、もう一つは家父長制を基盤とする「家庭」モデルであった。学級経営の様式は、一九三〇年代の大政翼賛運動を基盤として公立学校に広く普及するが、その普及の過程で二つのモデルは分岐している。

「家庭」モデルの学級経営の系譜は複雑な展開をとげている。この系譜に内在する可能性を示しているのは、児童の村小学校の野村芳兵衛の学級経営と奈良女高師附属小学校の池田小菊の学級経営であろう。野村は『新教育における学級経営』(野村、一九二六)において、学級の性格を「生活の場所」と「文化伝達の場所」の二つに分け、「生活の場所」としての学級を次のように性格づけている。

若し学校を生活の場所と見るならば、それは自然に社会現象としての人間の共同生活を目標にすればいい。そして最も自然に生れた人間の群居は家庭である。学級の群居も大体に於て教師を中心にした家庭であっていいと思う。つまり、個性的にも、年齢的にも性的にもいろいろな子供が集っているがいい。それらの子供が、一つの愛を中心にした一団が学級であってほしい。

野村において学級は「学習の場所」であると同時に「生活の場所」であり、「生活の場所」としての学級は多様な能力と個性が集い合う「共同生活」の場所であり、「教師を中心にした家庭」であった。そこから人為的な「画策」を排除した次のような「学級経営」が成立している。

学級経営は、教師の画策ではない。勿論子供の画策でもない。子供も教師も共に生命に導かれて、自然に純に必然的に辿り行く生活そのものの中に生れる事実である。生れた学級経営が充実するのは、当然である。人間はやらずに居れないことをやるより外に本当な道はない

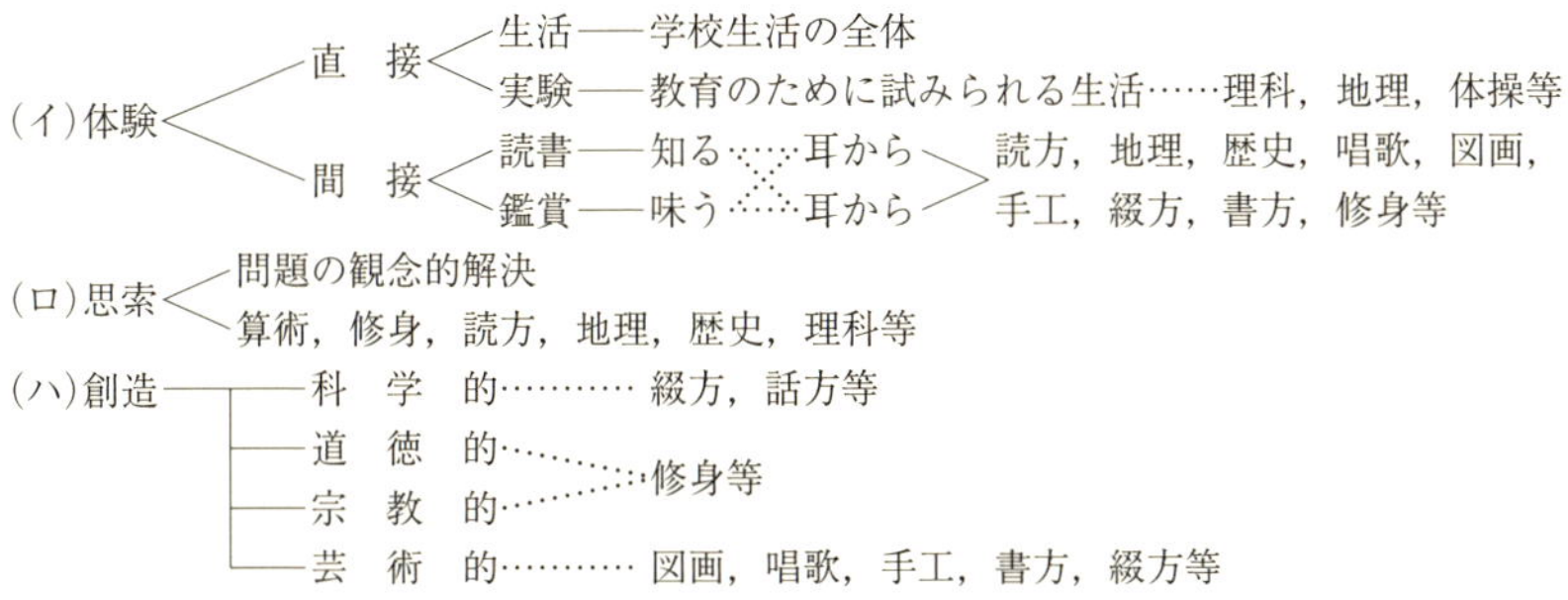

図2「学習の種々相」（野村芳兵衛）

一方、「学習の場所」としての学級は、学習者の個性と環境、および時間の多層性に即して再構成されている。「学習の種々相と時間割の考察」（野村、一九二四）において、野村は、規則や会議で定められた時間と、人が共同体的な仕事をする時間と、個人が自分の仕事を遂行する時間の三つの時間を区別している。〈制度の時間〉と〈共同体の時間〉と〈個人の時間〉の三つの層の区別である。この三つの時間を教室において柔軟化し、子どもが学習において経験する「生命の時間」において再構成する方途が探られたのである。

野村は「学習の種々相」を「体験」「思索」「創造」の三つの「心的作用」に分割し、それぞれに学習内容を配置して図2のような構造で提示した。

さらに野村は、「共同生活」の立場から「学習の相」を「(イ) 独自学習……単独行動」「(ロ) 相互学習……共同行動」「(ハ) 講座……相互学習の特例」に分けて、この三つの形態の組み合わせで、教室の学びに個性と共同性、能動性と受動性、求心性と遠心性を取り戻そうとしたのである。近代学校を支配してきた均質で単層的な時間（経験）を透徹した視点で洞察し批判してその克服が主題化されている点は、驚嘆に値する。

他方、奈良女高師附属小学校の池田小菊は、一九二九年に執筆された『父母としての教室生活』において「教室」を「親子の関係における団体の生活場所」と再定義し、教室内の関係と空間の組み替えを提唱している。次のように言う。

教育のためとか子供のためとかそう言う窮屈な考えで仕事をしたくない。と言って、甘酸っぱい感傷的な愛に引っ張られて、安価な涙でその場の気休めをするような仕事もしたくない。育てる者と育てられる者の間に通う感情は、少なくとも底の方から相通ずるところの力、つまり親子の感情に近いものでありたい。

池田の主張は、家父長制の家族をモデルとするものではない。親と子の自然のケアの関係を教室の教師と子どもの教育関係の基礎にする主張である。そして、この主張には、彼女の勤務する奈良女高師附属小学校の木下竹次の提唱する「学習法」や「合科学習」が、教師自身の個性的な関心や子どもの事実から出発するのではなく、「原理」や「形式」という「窮屈な考え」によって普及し実践されていることに対する痛烈な批判が込められていた。「教師自身、何の興味も感じていない話を、やたら粉飾して、子供を誘惑しているような話の中では、教育は常に枯死している」と言う。「教室という場所」を自然な関わり（親子のケアのような関わり）の場所へと改造し、そこから学びを立ち上げること、池田は、その一歩を次のように提起する。

私は今の教室から、あのむさくるしい感じのする黒板を全部取り下させたいと思います。そうしてこれに変えるに、額縁の幾つかが用意されたいと思います。教室に何時も、美しい花の活けられているのもいいことです。そう言うことは、教員の個性によって、理科的趣味に富んでいる人、絵画的趣味を持っている人、文学的趣味に富んでいる人と、色々ありますから、細かくは申しませんが、とにかくにも教室の設備は、大体落ちついたゆったりとした感じのする、明るさを持ったものでありたいと思います。本当に身の入った仕事は、そういう所でなければ出来ないのが当り前です。

教室という場所を「生活の共同体」という視点から問い直す試みは、生活者としての子どもの個のリアリティに即して学びを創造した生活綴方の教師たちにも共通していた。文学的リアリズムを方法論として教室実践を創造した秋田の佐々木昂や山形の村山俊太郎らは、教室を地域の「生活台」の上に転位する挑戦を展開していた。本章の冒頭に掲げた村山俊太郎の「世代の苦悶を子等とともに悩み、教室を社会に通わせる」という一節は、その挑戦を端的に表現している。しかし、この挑戦は昭和初期の共産主義運動に対する弾圧と検挙によって道を閉ざされている。

「家庭」を原型とし教室を「共同体」として再構成する挑戦は、一九三〇年代に入ると、初期の個性の多様性を尊重する立場を喪失し、次第に集団主義の傾向を強めている。大政翼賛運動を基盤とする農村自治運動をはじめとする集団主義と全体主義の潮流、および、転向したマルクス主義の合流点となった生産力理論における集産主義（collectivism）の潮流が、教室経営における集団主義の基盤となった。

この転換は、子ども一人ひとりの固有名を尊重し個性と共同性の相補的関係を明晰に洞察していた野村芳兵衛においても例外ではなかった。野村の『生活訓練と道徳教育』（野村、一九三二）は、彼の転回を示していて興味深い。同書において野村は「科学的生活訓練」の必要性を強調している。「生活訓練」とは、子どもたちが「協働自治」の主体となる「訓練」である。その「協働自治」を実現するために、子ども一人ひとりが学校で直面する問題は、すべて「学級の問題として、学級全員が協議し、協力的に解決して行かなくてはならない」とされる。ここには、以前の野村に見られた個々の子どもの経験の個性と多様性を尊重する視点や、教室の時間（経験）の多層性や教室の経験の多元性は認められない。そもそも「生活訓練」という実践自体、一九二〇年代の野村は批判の対象としていた領域であった。学級経営の基軸は、固有名の「個人」から「協働自治」の「集団」へとシフトし、「学級」のモデルは「家庭」から「協働自治」（町や村）の「共同体」へと移行している。集団主義への帰結は明瞭である。

他方、「国体」モデルの「学級王国」の様式は、大政翼賛運動を基盤として露骨に全体主義の傾向を強めている。成蹊学園の野瀬寛顕の『小学教育論――新日本教育の建設』（野瀬、一九三八）に収められた「今後の学校経営」と、千葉県山武郡東金国民学校の鈴木源輔の『戦時国民教育の実践』（鈴木、一九四二）に収められた「決戦体制下の学級経営」は、「国体」モデルの「学級王国」の帰結点を示していて興味深い。「学級王国」を提唱した清水甚吾が一九三〇年代には学級経営の目的を「国体観念の養成」に求めたことが示すように、「学級王国」はファシズム教育へと転化する歴史をたどっている。

野瀬は「学級の目的は国家の人的資源を養成することにある」と述べ、「今後の学級経営」は「全体主義の学級経営」へと転換しなければならないと説いている。「全体主義の学級経営」は「帝国臣民を養成する道場としての学級経営」と表現され、「一切の学級の活動が日本的な活動」に再編されるべきだとされる。野瀬の言う「日本的な活動」とは、国家や学校や学級という全体への「奉仕的な活動」を意味していた。

鈴木源輔の「戦時下の学級経営」はより徹底している。鈴木は学級を「学級小隊」と呼んで軍隊組織をモデルとする再定義を行っている。「わが校に於ては校長は学校教育師団長で、教頭は参謀長、初等科高等科は各々初等科旅団、高等科旅団、低中高学年は連隊、近接学年は大隊、同学年は中隊、学級は小隊である」と言う。「皇道の道の顕現」として各学級に神棚を祭り、その神棚に仕えることで「自由主義、個人主義を滅却した大和の精神」を高揚させることが謳われている。鈴木は、かつて千葉師範附属小学校において手塚岸衛のもとで「学級王国」の実践を推進した経験を有していた。しかし、戦時下のファシズム教育のもとで、そのすべてが否定されている。従来の学級経営の「友愛性」「協同社会性」「家庭性」「自治性」は「あまりに優柔的な考え方」として否定され、「皇国発展のための必至必勝の団結」が学級経営の中軸にならねばならないと主張されている。この「団結」は「西洋的な意味の社会協同の意味ではない」とされ「日本的なる協同であって忠誠への協同」であった。「学級王国」についても「一つの学級個人主義の弊を醸成し、学級としてはまとまるが、学校全体の活動を阻止することになる」と否定されている。

4　日本型システムの再生産とその崩壊

「学級王国」に象徴される学級経営の「日本型システム」は、戦後においてもそのまま継承された。選挙によって学級委員を選出し、学級会とその構成単位である班と係の小集団と日直で「協働自治」を追求する「学級王国」は、むしろ戦後の民主主義教育の中で、いっそう強化されたと言ってよいだろう。「日本型システム」の教育版である「学級王国」は、経済と社会制度の「日本型システム」と同様、一九三〇年代の大政翼賛運動において普及し、戦後の学校という装置の基本構造を形成している。

学校の教師組織も「学級王国」の組織と同様、「協働自治」を特徴とする「日本型システム」を構成していた。日本の学校を特徴づけている教師の集団的自治の様式は、職員会議における協同の討議による意思決定と、一校あたり三〇以上に分業化された校務分掌と学年会あるいは教科会の小集団の自治単位によって運営されており、諸外国には見られない「日本型システム」を形成している。校務分掌の組織や学年会や教科会自体はすでに明治時代に登場しているが、それらを意思決定の基礎単位として「協働自治」を追求する学校運営の様式は、「学級王国」と同様、一九三〇年代に普及し、戦後の民主主義教育に連続的に継承されたと言ってよい。

さらに言えば、学校経営の「日本型システム」は、「学級王国」と同様、その集団主義の裏側に日本の学校の伝統的文化である個人主義を並存させていた。集団主義的自治を運営の基本としながらお互いの仕事には口出ししないという不文律が暗黙に支配する学校の構造は、集団主義と個人主義の並存を象徴している。集団主義と個人主義が並存する独特な学校文化の構造は、教室の運営では、授業以外の生活場面の活動や行事においては学級会や班や係による集団主義的自治を徹底させながら、授業における学びにおいては協同が実現せず個人主義の自学主義と競争が支配するという特徴を形成してきたし、学校経営においては、管理と統制では集団主義による自治が貫徹しながらも、教師の専門領域である授業やカリキュラムの創造においては個人主義が支配し、創造的な協同が実現しにくいという問題を抱え込んできた。

学校経営と学級経営の「日本型システム」は、戦後民主主義教育が退潮して官僚主義的な統制が強まった一九六〇年代以降において、さらに強化された点が重要である。児童・生徒数の急増を背景とする木造校舎からコンクリート校舎への移行は、アセンブリ・ライン（大工場の流れ作業）をモデルとする学校教育の拡張を象徴していた。官僚主義的な統制による「生産性」と「効率性」の追求が、学校と教室の「日本型システム」の浸透を強めている。高度成長期における生産力ナショナリズム（佐藤・栗原、一九九六）の復活は、学校と教室における全体主義の復活を促進し、企業と工場を隠喩とする学校経営と授業実践の科学的研究の爆発的な普及が、科学的合理主義による官僚主義と集団主義の浸透を促進している（佐藤、一九九二）。

一九六〇年代以降に民間教育運動として普及した「集団主義教育」は、高度成長期の学級経営の「日本型システム」を特徴づける現象として興味深い。一九六〇年前後に香川県の教師、大西忠治がソビエトのマカレンコと中国の「集団主義教育」をモデルとして開発した「班・核・討議づくり」の様式は、一九六〇年代と一九七〇年代に全国生活指導研究会の運動によって全国を席巻し、「集団主義」にもとづく「学級づくり」の方式として普及した。この運動が「ソビエト教育学＝集団主義教育」と拡大解釈する教育学の言説によって拍車をかけられて浸透した点も重要である。

「班・核・討議づくり」による生活指導を推進した運動の当事者は誰も明言していないが、「班」と呼ばれる小集団の自治を基礎単位として班競争を組織し「ボロ班」にならないよう協力を自発的に組織する「班・核・討議づくり」の方式は、工場生産における「日本型システム」として知られる生産性向上運動の「QCサークル」の方式と酷似している。ソビエト教育学を言説の基礎として推進された「集団主義教育」の様式は、当事者の意識を超えて、生産性と効率性を追求する企業経営と工場経営の「日本型システム」の様式と対応する展開を遂げたのである。

ところで、学校と教室は二つの組織原理を支配的な基礎としていた。一つは国民統合の原理であり、もう一つは効率性の原理である。国民国家の統合と産業主義社会の促進という近代学校の発展を推進した二つの要請がこの二つの組織原理を基礎づけていた。「日本型システム」の特徴は、この組織原理を「集団自治」を基礎単位とする構成員の主体性によって追求している点にある。「集団自治」による自律性と主体性を組織する「日本型システム」の学校と学級においては、個々人の関係しか示さないはずの「集団」が実体として意識され、その「集団」に人格的意志が付与されている。教室に実在するのは一人ひとりの個人とその関係でしかないのに、まるで「みんな」と呼ばれる集団が意志をもって存在しているかのように意識されるのである。したがって、「日本型システム」の学校と教室には最初から他者は存在しない。この前提によって組織の構成要素を「個人」から「集団」に置き換えることが可能になっているのである（Sato, 1998）。そこでは固有名と顔と声は消されている。

教師集団によるいじめや学級集団によるいじめが陰湿化するのは、学校や学級が集団単位に組織され、個人が個人として存在する居場所がないからである。しかも、その集団は他者性を排除して成立している。さらに厄介なことに、日本の学校文化の基層は、本章の前半で示したように個人主義の文化であり、いくら授業の過程に積極的に参入したからと言って集団への帰属が保障されるわけではないし、逆に、授業の過程への参入を拒否しようとも集団から排除されるわけではない。学習生活（個人）と学級生活（集団）は二重の独自のシステムを形成している。この構造が事態をいっそう複雑にしている。「日本型システム」の学校と学級という装置を生きる教師と子どもは、強迫的に集団への参入を自主的主体的に追求しながら、絶えず協同の中の孤立を体験しなければならない。こうして、「日本型システム」の学校と教室では、沈黙は恐怖となり、喧騒と饒舌が支配するのである。

未来への展望

「学級王国」に象徴される「日本型システム」の学校経営と教室経営は、学校や学級を構成するすべてのメンバーが自主性を発揮して合意と同一性を求め、集団的自治の主体となることを前提としていた。そして、その構成員の自主性と主体性を前提とする集団主義的な自治は、「国体」の縮図としての「学級王国」において教師が「天皇」として君臨し、子どもの自主性と主体性を「集団自治」によってリモート・コントロールすることによって成立していた。すなわち、学校における校長と教室における教師が「天皇」のような存在になることを構成員から期待され、要請されていなければならなかった。これらの前提と条件を考慮すれば、今日の「学級王国」の崩壊、すなわち「日本型システム」の学校経営と学級経営の行詰りは必然的である。

「学級崩壊」が「学級王国」の崩壊であるとするならば、その現象は必然的であり、むしろ好ましい現象である。問題は崩壊が新しい学校と教室の装置の新生を準備していない点にある。より本質的な問題は、世界各国の学校空間と教室空間がその風景を大きく変化させている中にあって、日本の学校と教室の空間と関係は、今尚、微々たる変化しか生じていない点にあり、教師も子どももさまざまな困難とディレンマに直面している点にある。

問うべき問題は複雑で難解である。個人主義にも還元されず、集団主義にも還元されない学校と教室の組織は可能だろうか？　家父長制や国家の全体主義に回収されない教室の共同性は何によって可能になるのだろうか？「自主性」や「主体性」による子どもの「集団自治」が管理と統制の内面化でしかないとすれば、教室への子どもの参加はどのようにして可能なのだろうか？

人称関係を剝奪された「集団」から固有名と顔をそなえた「個人」に立ち戻ること、そして個性と共同性を相互媒介的に追求すること、交わり響き合う学びの身体の流れを活性化して空間と関係のすべてを編み直すことが、この窒息し閉塞した状況を組み替える出発点となるだろう。危機を告発する硬直した言葉の向こう側で、すでに挑戦は柔らかな言葉と身体の静かなうねりを生み出している。学校と学級の硬直性と閉鎖性を内破する言葉と身体は、しなやかでたおやかな言葉と身体である。その伝統の再生と新生が、今、求められている。

参考文献

Bagley, W. C., 1907, *Classroom Management*, MacMillan.

Cubberley, E. P., 1919, *Public Education in the United States: A Study and Interpretation of American Educational History*, Houghton Mifflin.

Sato, Manabu, 1998, "Classroom Management in Japan: A Social History of Teaching and Learning", in Shimahara, N. (ed.), *Political Life in Classroom: Classroom Management in International Perspective*, Garland Press.

池田小菊、一九二九、『父母としての教室生活』、厚生閣。

稲垣忠彦、一九六六、『明治教授理論史研究――公教育教授定型の形成』、評論社。

及川平治、一九一二、『分団式動的教育法』、弘学館。

北澤種一、一九二七、『学級経営原論』、東洋図書。

宮坂哲文、一九五三、「課外教育史」、『日本教育文化史体系』一巻、金子書房。

宮坂哲文、一九六四、「日本における学級経営の歴史」、『学級経営入門』、明治図書。

佐藤　学、一九九〇、『米国カリキュラム改造史研究――単元学習の創造』、東京大学出版会。

佐藤　学、一九九二、「パンドラの箱を開く――授業研究批判」、森田尚人・藤田英典・黒崎勲・片桐芳雄・佐藤学編『教育研究の現在――教育学年報1』、世織書房。

佐藤　学、一九九五、「『個性化』幻想の成立――国民国家の教育言説」、森田尚人・藤田英典・黒崎勲・片桐芳雄・佐藤学編『個性という幻想――教育学年報4』、世織書房。

佐藤学・栗原彬、一九九六、「教育の脱構築――国民国家と教育」、『現代思想』六月号、青土社。

澤　正、一九一二、『学級経営』、弘道館。

澤柳政太郎、一九〇九、『実際的教育学』、同文舘。

清水甚吾、一九二五、『学習法実施と各学年の学級経営』、東洋図書。

志村廣明、一九九四、『学級経営の歴史』、三省堂。

「私立成城小学校創設趣意書」、一九一七。

鈴木源輔、一九四二、『戦時国民教育の実践』、帝教書房。

諸葛信澄、一八七三、『小学教師必携』、烟雨楼。

太政官布告第二四号、一八七二、「学事奨励に関する被仰出書」。

手塚岸衛、一九二二、『自由教育真義』、東京宝文閣。

中村春二、一九一二、「成蹊実務学校設立趣意書」、『中村春二選集』（一九二六）所収。

西山哲治、一九一一、「帝国小学校設立趣旨」、『私立帝国小学校経営二五年史』（一九三七）所収。

野瀬寛顕、一九三八、『小学教育論——新日本教育の建設』、同文社。

野村芳兵衛、一九二四、「学習の種々相と時間割の考察」、『教育の世紀』二巻、一二号、教育の世紀社。

野村芳兵衛、一九二六、『新教育における学級経営』、聚芳閣。

野村芳兵衛、一九三二、『生活訓練と道徳教育』、厚生閣書店。

吉見俊哉ほか、一九九九、『運動会と日本近代』、青弓社。

若林虎三郎・白井毅、一八八三、『改正教授術』、普及舎。

3 リテラシーの概念とその再定義

1 「リテラシー」とは何か

「リテラシー」は多義的な概念である。この概念の内包を最小に限定すれば「読み書き能力（＝識字）」と定義され、最大に拡張すれば「オーラリティ（口承文化）」に対する「書字文化」（文字を媒介とする文化）と定義される[1]。この最小と最大の意味のうち、基底的なのは後者の意味である。「リテラシー」は、まず「口承文化」に対する「書字文化」として規定することができる。しかし、教育概念としての「リテラシー」は「書字文化」と定義するだけでは不十分である。教育が「書字文化」を基盤として成立していると言っても、常識を述べているだけであり、「リテラシー」の教育」については何も言ってないに等しい。

「リテラシー」という言葉の歴史は、この概念の教育的意味を理解する上で興味深い。『オックスフォード英語辞典』（ＯＥＤ）によれば、literacy という語が最初に登場するのは、一八八三年にマサチューセッツ州教育委員会が発行した教育雑誌『ニューイングランド・エデュケーション・ジャーナル』であり、学校で教授される「共通教養」としての「読み書き能力」を意味していた。「リテラシー」という言葉は、公教育が制度化された一九世紀末に教育概念として登場したのである。

それ以前、literacyに該当する言葉はliteratureであった。現在、literatureは「文学」という特定の文章のジャンルを意味する言葉に限定されているが、この言葉は近年になるまで、読書を通じて形成される「優雅な教養」あるいは「博覧強記」を意味していたと言う。[2]「読書による教養」というliteratureの原義は、この言葉が一四世紀にラテン語から英語に導入されて以来、一貫している。たとえば、フランシス・ベーコンは「あらゆる文献の知識に通じていること」をliteratureと称していたし、一六世紀から使われた否定形のilliterateは「学がない」ことを示し、時には「ギリシャ語とラテン語を知らない」ことを意味していた。一七世紀と一八世紀においても、illiterate（不学）である基準はシェークスピアの戯曲を読んで理解できない程度を示しており、literateである状態が「高い教養」レベルを意味していたことが知られる。literatureがその後、「文学」という今日の意味に限定されたのも、近代において文学のジャンルが「優雅な教養」によって書かれる作品として登場したからに他ならない。「リテラシー」の原義であるliteratureにおける「読書による優雅な教養」という意味は、ルネッサンス以後の人文主義（humanism）を基盤として登場し、一六世紀以降、印刷術によって普及した読書文化において踏襲されたのである。[3]

したがって、「リテラシー」の本義は「(高度で優雅な)教養」にあり、「読み書き能力」あるいは「識字能力」という意味は、教育用語として後に付加されたものである。「読み書き能力」あるいは「識字」という意味が一九世紀末に「リテラシー」に付加されたことは、教育史のアイロニーとして興味深い。近年のイギリスとアメリカのリテラシーに関する歴史研究は、公教育が制度化し普及した一八世紀から一九世紀にかけて、かえって「識字能力」が下降したという事実を示している。たとえば、イギリスの識字率を実証的に調査した研究では、リテラシーの発展は一七世紀と一九世紀の末に起こっており、一九世紀の大衆の識字率は一八世紀の大衆の識字率よりも低下していると結論づけている。[4]また、アメリカの識字率を歴史的に調査したケースルらの研究も、一九世紀半ばのコモン・スクールの普及と大衆の識字率との相関には疑義を提出し、識字率の上昇はむしろ、その後の大衆的刊行物の普及に相関していると結論づけている。「若者たちは学校で学んだ聖書を読む能力で『プレイボーイ』を読んだ」のである。[5]

多くの先進諸国において、リテラシー（識字能力、教養）の普及を目的として公教育の制度化を推進した時期に、なぜ識字能力の低下が起こったのだろうか。その最大の要因は産業革命にある。大工場の普及は、知的能力や職人芸を必要としない単純労働の領域を大量に生み出し、マニュファクチャー段階の職人のギルド組織が保持していた巧みな制作技能や読み書き能力の教育機能を崩壊させてしまった。さらに初期の学校が「教義問答書（カテキズム）」による教育をモデルとしたことを原因としてあげる研究もある。一八二〇年代に全米で二〇〇万部も使用された読み方教科書『ニュー・イングランド・プライマー』は「教義問答書」タイプの代表的教科書であり、百以上の質疑応答によって日常生活の規律が提示されていた。レズニックは、教義問答スタイルによる授業は学校教育の原型であり、その弊害によるリテラシーの欠損は今なお克服されていないと言う。[6]「教義問答」のモデルがリテラシー教育の失敗の要因であるかどうかはさておき、近代の学校がリテラシーの教育において成功しなかったという事実は、多くの歴史研究の一致した見解である。

「識字」あるいは「読み書き能力」という意味のリテラシーは、その後「機能的識字」（functional literacy）あるいは「機能的文盲」（functional illiteracy）という概念へと発展する。「機能的識字」という概念を最初に提起したのは、一九三〇年代にニューディール政策の下に組織された民間国土保全部隊（Civilian Conservation Corps）であった。「機能的識字」とは社会的自立に必要な基礎教養を示す概念であり、民間国土保全部隊においては三年ないし四年程度の学校教育を受けた教養水準として定義されている。この「機能的識字」の基準は、一九四七年に国勢調査局（Census Bureau）において四年ないし五年程度の学校教育の水準と規定し直され、一九五二年には六年程度の学校教育の水準、一九六〇年の教育省（Office of Education）の規定により八年の学校教育の水準へ、さらに一九七〇年代の末にはハイスクール卒業程度の教養水準へと変更されて、現在にいたっている。この経緯が示すように、「機能的識字」としての「リテラシー」の基準は、学校教育の大衆的な普及の水準に対応して定められてきた。アメリカにおいて用いられる「文盲」の意味は、通常、「機能的文盲」(ハイスクールが提供する教養に達していないこと)を意味しており、多くの日本人が誤解しているような「非識字」の状態を意味しているのではない。

社会的自立に必要な教養という意味の「リテラシー」(機能的識字)の概念は、一九五六年にウィリアム・グレイによってユネスコにおいても提示され、開発途上国におけるリテラシー・プログラムにおいて採用された。ユネスコによる規定において「機能的識字」は、「読み書きの能力だけではなく、大人になって経済生活に十全に参加するための職業的、技術的な知識を含む」と定義されている。(7)

以上を概括すると、「リテラシー」は二つの意味を担ってきた。一つは「教養」としてのリテラシーという伝統的な概念であり、この用法は長らく「高度の教養」あるいは「優雅な教養」を意味してきたが、近年では「共通教養(common culture)」あるいは「公共的な教養(public culture)」を意味するものへと変化している。もう一つは、一九世紀の末に登場した「識字」あるいは「読み書き能力」としてのリテラシーであり、この用法は学校教育の概念として登場し、社会的自立に必要な基礎教養を意味する「機能的識字」という概念に支えられて普及してきた。この二つの系譜を総合して、「リテラシー」を「書字文化による共通教養」と定義しておきたい。リテラシーは、学校において教育される共通教養であり、社会的自立の基礎となる公共的な教養を意味している。

2 リテラシー教育に対する三つのアプローチ

リテラシー教育は、この四半世紀、教育改革の議論と政策をめぐる論争の焦点の一つであった。アメリカにおいては一九七〇年代末の「基礎に帰れ（back to basics）」の運動において、リテラシー教育は「3Rｓ（読み書き算）」の基礎技能（basic skills）の教育として展開し、一九八〇年代半ば以降は、新保守主義のイデオローグたちによる「文化的教養（cultural literacy）」の教育運動を巻き起こした。日本においても、リテラシー教育は、「新学力観」による教育現場の混乱や、「学力低下」論争を背景とする「基礎学力」（読み書き算）を重視し徹底させる政策と実践を生み出している。リテラシー教育を焦点とする一連の復古主義と保守主義のアプローチは、それ自体が、リテラシー教育が価値中立的ではありえず、政治的イデオロギーと政治力学による論争と抗争の只中にあることを示している。

批判哲学にもとづいて「ラディカル教育学」あるいは「越境の教育学」を提唱するヘンリー・ジルーは、「リテラシー、イデロギーと学校の政治学」（Literacy, Ideology and Politics of Schooling, 2001）において、リテラシー教育を「道具的イデオロギー」、「相互作用イデオロギー」、「再生産イデオロギー」の三つに分類し、それぞれの政治的機能を分析している。(8) 以下、ジルーによる三つの分類を敷衍しつつ、リテラシー教育に対する三つのアプローチの特徴を概括し批判的に検討することとしよう。

第一の「道具的イデオロギー」によるリテラシー教育は、読み書き能力を「道具的技能」（instrumental skills）として定義し、その習得と定着を教育の課題とする主張と実践を展開してきた。リテラシーを「道具的技能」とする観念は、一九一〇年代に産業主義に呼応して登場した「社会的効率主義」（social efficiency）に起源をもち、その後、実証主義の心理学と行動主義の学習理論によって支えられて、リテラシーに関する支配的な観念を形成してきた。(9) たとえば「基礎学力」を「読み書き算（3Rｓ）」の「基礎技能（basic skills）」に求める学力観やその「基礎技能」をドリルやテストによって定着させる教育は、「道具的イデオロギー」によるリテラシー教育の典型の一つである。このイデオロギーは、リテラシー教育の大衆的な通俗的観念を形成していると言ってよいだろう。

「道具的イデオロギー」によるリテラシー教育は、いくつかの仮説を前提としている。その第一は、読み書きの能力を思考や活動の「道具」あるいは「手段」とみる能力観である。この観念は一九一〇年代のアメリカにおいて成立し、「読み方」、「書き方」、「スペリング」、「算数」などは「用具教科（instrumental subjects）」と呼ばれた。その用法はカバリーの教育史（*Public Education in the United States: A Study and Interpretation of American Educational History*, 1919）のようなアカデミックな教育書にも踏襲されている[10]。

第二に「道具的イデオロギー」のリテラシー教育は、読み書き能力を価値中立的で機械的な「技能」の要素の集合と見なしている。このイデオロギーは一八世紀以降の自然科学を規範とする実証主義的な科学イデオロギー、特に知識に対する客観主義的な観念を基礎としている。この見方に立てば、知識やその知識を活用する技能は、学習者や学習者の経験の外部に道具のように客観的に存在し、学習者や学習者の経験とは無関係に存在するものとされる。しかも、その知識や技能は操作的な概念に他ならず、歴史的、文化的、社会的な文脈から離れて存在し、価値中立的に機能するものと見なされている。

第三に「道具的イデオロギー」としてのリテラシー教育は、一九一〇年代にボビットのカリキュラム理論によってアセンブリライン（大工場の流れ作業）をモデルとする教育過程に定式化され、ソーンダイクの行動主義心理学によって「刺激」、「反応」、「強化」の学習理論に定式化された。生産目標を設定し生産工程を効率化し品質をテストで管理する大工場のアセンブリラインのモデルは、一九一八年のボビットの『カリキュラム』によって「教育目標」、「授業の効率化」、「学力テスト」という「教育工場」の「アセンブリライン」へと翻案された[11]。さらに、言語の象徴機能や表象機能を捨象し、言語の操作的技能を行動主義の学習理論で定式化したソーンダイクの学習心理学は、リテラシー教育を「工場システム」へと変容された学校における機械的訓練へと導くものとなった。機械的な反復練習によって技能の定着を求める「道具的イデオロギー」のリテラシー教育は、社会的効率主義のカリキュラム理論と行動主義の学習理論の所産である。その支配的な影響は今日も持続している。たとえば、前述のユネスコの定義した「機能的識字」も「道具的イデオロギー」の範疇を超えてはいない。

「道具的イデオロギー」のリテラシー教育が、知識や技能を学習者の外部に客観的に存在するものと措定していたのに対して、第二の「相互作用イデオロギー」のリテラシー教育は、知識や技能を学習者と対象世界との相互作用の所産とみなし、知識や技能を社会的構成の産物とみなしている。その典型はリベラル・アーツの教育の伝統に見ることができるだろう。

リベラル・アーツの伝統において、リテラシーの教育は教養教育の中核であり、自律的な個人を育てる自由主義教育の基礎として位置づけられている。この伝統は、人文科学（humanities）を中心とする教養教育によって個人を自由人として解放（liberate）するという理念に支えられ、欧米における教養教育の伝統を形成してきた。「相互作用イデオロギー」としてのリテラシー教育は、この伝統を具体化したリテラシー教育の様式と理論を示している。この系譜において、知識や技能は学習者の外部に客観的に存在するものでもなければ、機械的に学習されるものでもない。知識や技能は、その意味のネットワークによって歴史的伝統に根ざしており、その学習は学習者と文化財の相互作用によって学習者が主体的に意味を構成する活動として性格づけられている。このイデオロギーによるリテラシーの教育は、歴史的伝統を継承するヒューマニズム（人文主義）の世界への参加であり、テキストを媒介とする文化的な意味の構成であり、自由社会の主体形成そのものである。そして、リベラル・アーツの伝統に立つ「相互作用イデオロギー」のリテラシー教育は、ピアジェを代表とする認知発達の心理学によって基礎づけられてきた。

リベラル・アーツの伝統にもとづくリテラシー教育は「相互作用」による学習を特徴とするだけでなく、学習者における真正性（authenticity）と自律性（autonomy）を要請する特徴を有している。「道具的イデオロギー」におけるリテラシー教育が、操作的技能を機械的に学習する傾向を示していたのに対して、「相互作用イデオロギー」によるリテラシー教育は、リテラシーを文化的意味の伝承と創造の過程において自律的に形成する学習を奨励している。

「相互作用イデオロギー」におけるリテラシー教育において、文学や詩がテキストとして選ばれるのは、学習者の真正性と自律性が尊重されているからである。

したがって、リベラル・アーツの伝統に立脚するリテラシー教育は、エリート主義の教育やロマン主義の教育に傾斜する傾向をもつとともに、文化的保守主義に傾斜する傾向を有している。その典型の一つは、一九八〇年代以降の新保守主義によって掲げられた「文化的常識（cultural literacy）」を追求する教育イデオロギーの台頭であろう。「文化的常識」という「リテラシー」の概念は、シュライエルマッハーに代表される解釈学的文学批評を専門とするヴァージニア大学の教授、E・D・ハーシュの『教養が国家をつくる』（原著一九八七年、邦訳一九八九年）によって提起された概念である。

ハーシュの「文化的常識」（リテラシー）は、アメリカ人に必須の「国民的常識」（national literacy）であり、すべての読者が保有すべき「情報の網」（network of information）を意味し、人々が新聞を読み会社や地域で円滑にコミュニケーションを行う際に言外に包含された意味までも洞察する「背景にある知識」（background knowledge）であると定義されている。この「リテラシー」の概念は、リベラル・アーツの教養論を掲げる人々と共通しているが、ハーシュの特徴は「文化的常識」を「時間」や「空間」を超越した「普遍的常識」（universal literacy）として性格づけた点にある。ハーシュは前掲の著書の末尾に自らが選択した五〇〇〇の事項をアメリカ人に必須の知識として列挙しているが、それらの知識は西洋文明の古典的教養とアメリカの国家的アイデンティティに必要な知識を中心に選択され、しかも、その八〇％は百年間以上使用されてきた知識であると強調されている。

ハーシュの提起する「文化的常識」としての「リテラシー」が否定しているのは、「道具的イデオロギー」の「リテラシー」ではない。ハーシュの攻撃の対象は、デューイに代表される自然主義のリベラル・エデュケーションの伝統であり、文化的多元主義の教育である。一九世紀のドイツ解釈学の復古的継承者であるハーシュは、作品の主題の歴史性を解釈の対象とするガダマーの「歴史主義」も読者の創造的な解釈を強調する「心理主義」も、いずれも相対主義であると批判する。ハーシュの解釈学において、作品は歴史性や読者の個性を超越して汎神論的に意味と価値を付与されており、読み手は心を虚しくして作者の意図を忠実に読み解いてゆく受動的役割に限定づけられている。彼の「文化的常識」における知識の普遍主義も、この復古的な解釈学と基盤を共有している⑫。

新保守主義のリテラシー論は、ハーシュに典型的に見られるように、リベラル・アーツの伝統に立脚し、文化的多元主義と相対的認識論を批判して、国家主義的で普遍主義的な「共通知識」の教育をリテラシー教育において追求している。アラン・ブルームの教養論、ウィリアム・ベネットによる「遺産の復興」およびダイアン・ラヴィッチによる「歴史的常識」(historical literacy)の提唱などは、その代表的な事例である⑬。

リテラシー教育に対する第三のアプローチは「再生産イデオロギー」によるリテラシー教育である。再生産理論が教育の理論と実践に与えた影響は多様である。再生産理論は、学校教育が階級や文化やジェンダーの権力の再生産過程として機能していることを暴露し、教育課程を規定する政治的、経済的な決定要因についてラディカルな分析と批判を展開してきた。さらに再生産理論は、日常的な教育実践において慣行として機能する差別や選別や排除の機能を解明し、文化的、イデオロギー的、政治的実践として教育実践を再定義する方途を探索してきた⑭。

「再生産イデオロギー」においてリテラシーは「文化資本」として定義されている。リテラシー教育は、家族の保有する文化資本、学校が社会との交渉において機能させる「象徴権力」としての文化資本の再生産過程であり、階級、人権、性の差異が対立と葛藤を呼び起こし、差別と抑圧と排除をめぐって抵抗と闘争が組織される過程である。ラディカル教育学と呼ばれる一連の人々、フランスのブルデュー、アメリカのアップルやジルーなどは、教育における文化再生産もしくは社会再生産の機能と構造を考察し、その再生産過程に派生する葛藤と抵抗の契機を「批判的リテラシー」(critical literacy)の形成に結びつける可能性を探究してきた。後述するパウロ・フレイレの「解放のリテラシー」は、再生産理論を通じて形成された「批判的リテラシー」の発展形態として位置づけることが可能だろう。

3　二つの「共通教養」の概念

リテラシーは学校で教育されるべき「共通教養」であり、「共通教養」としてのリテラシーの概念は、リベラル・アーツの伝統を基礎として成立していた。このリベラル・アーツの伝統による「共通教養」の教育はこれまで、二つの立場から批判されてきた。

リベラル・アーツに対する第一の批判は「一般教養」(general education)としての教養教育の伝統に見られる。リベラル・アーツと一般教養とは、日本において混同されがちである。しかし、この二つの概念はそれぞれ固有の伝統と固有の意味をもち、同一視できないことに留意する必要がある。[15]

リベラル・アーツは、プラトンの『国家論』に記されたアカデメイアに起源をもち、中世ヨーロッパの大学において「自由七科」に発展した概念である。それはエリート養成の大学に要請された概念であり、人文科学を中心とする学問諸分野の遺産と語学の教養で個人を精神的に解放する教育を意味してきた。近代においてヨーロッパの大学は専門課程で組織されるが、それに伴ってリベラル・アーツは大学準備の中等学校において教育されるものとなる。日本の旧制高校における「教養教育」はこの伝統を踏襲するものであった。

それに対して「一般教養」は、リベラル・アーツの枠から脱却するかたちでアメリカの大学とハイスクールで発展した概念であり、第一次大戦における大量殺戮に対する反省を契機としてコロンビア大学においてデューイが組織した「問題解決コース」を起源とし、ハーバード委員会の報告書「自由社会における一般教育」(一九四五年)によって定式化された教養教育を意味している。リベラル・アーツが、学問や文化の遺産を伝承し学生の人格と教養の全体性を要求する教育であったのに対して、一般教養は、学生集団に対しひとまとまりの統合された内容で共通の教養と価値意識を形成する教育を意味している。したがって、一般教養の「一般」は、よく誤解されているように専門家（スペシャリスト）に対立する万能家（ジェネラリスト）の教育を求めるものではない。その「一般」は学生に関する言葉ではなく、教育内容に関する言葉であり、社会の現実的な要請に応えるカリキュラムの一般性を要請する概念である。一般教養の「一般」とは、市民的教養としてカリキュラムを構成的に統合することを要請する概念なのである[16]。

リベラル・アーツの「共通教養」の伝統が、保守主義やエリート主義から脱却するためには、「一般教養」としての「共通教養」（リテラシー）の伝統を再評価する必要がある。

リベラル・アーツに対する第二の批判の系譜は、フェミニズムの教育学の展開に見ることができる。フェミニズムの教育学は、リベラル・アーツの教育が内包する男性中心主義とエリート主義に対する批判を展開してきた。その出発点を準備したジェーン・ローランド・マーティンの論文「教育を受けること（教養人）」（一九八四年）は、メキシコからの貧しい移民家庭で育ったロドリゲスが学業に打ち込んで有名大学を卒業し博士号を取得する「成功の物語」を再解釈して、ロドリゲスが「教養人」として教育される過程で母国語の固有の文化を喪失し、親密な家族の関係や友人の関係を喪失し、自然に対する感情や社会に対する関心を喪失する「喪失の物語」を読み解いている。教育を受け教養人となることがマイノリティや女性においては「喪失の物語」として機能する学校教育の現実を解剖することによって、そのメカニズムの根幹にリベラル・アーツの教育があるとマーティンは指摘する。そしてマーティンは、リベラル・アーツにおいて喪失させられてきたものを「ケア（care）」と「関心（concern）」と「つながり（connection）」の「3Cs」で提示し、この「3Cs」を中核とする新たな教養教育の必要性を説いている[17]。リベラル・アーツの教育に対する同様の批判は、ケアリングの哲学で教育内容を再編成することを主張するネル・ノディングズにおいても共有されている[18]。

4　批判的リテラシーの展開

「再生産イデオロギー」によるリテラシー教育のアプローチは「批判的リテラシー」の形成という課題を提示していた。第三世界の識字教育を中心に解放の教育学を提起したブラジルの教育学者パウロ・フレイレの理論と実践は、「批判的リテラシー」の要請に応える偉業として評価されている。

フレイレは『被抑圧者の教育学』（原著一九七四年、邦訳一九七九年）において、「道具的イデオロギー」によるリテラシー教育を「預金概念」（banking concept）と特徴づけて批判していた[19]。いつか役立つという幻想のもとで貨幣を貯金するように、リテラシーの基礎技能を後生大事に獲得し保持する教育イデオロギーである。フレイレは、被抑圧階級の人々が呪縛されている「預金概念」という教育イデオロギーからの解放を提唱し、「対話」によって文化コードの意識化をはかる文化政治学（cultural politics）としてのリテラシー教育を提示する。

フレイレの解放の教育学は、「意識化」（conscientization）を戦略的な概念として活用し、意識の意識化、思考についての思考、解釈の再解釈という、文化コードと文化的意味に対する批判的解釈とその意識化を提起している。フレイレにおいて人は「象徴的意味の動物」（animal sympolicum）であり、テキストを読む行為は世界を読む行為に他ならない。歴史的に見ても、人は言葉を読んだ後に世界を読んだのではない。まず世界を変革し、次に世界を表象し、そして言葉を創造したのである。リテラシーの教育は、言葉を読み書きする前に世界を読む行為の包括的な理解から出発すべきなのである。したがって、フレイレにおけるリテラシーの教育は、所与の意味や技能の獲得ではない。リテラシーの教育は、言葉を媒介とする世界の文化的意味づけであり、言葉の再解釈と再活用の文化的実践による世界の変革なのである。[20]

フレイレの文化政治学としてのリテラシー教育が、「道具的イデオロギー」のリテラシー教育の批判として展開されているだけでなく、リベラル・アーツを基盤とする「相互作用イデオロギー」のリテラシー教育の批判に立脚していることも明瞭だろう。フレイレは、リテラシーの「アカデミックな伝統」が、一方では「古典の名著（great books）」の教養教育として推進されると同時に、もう一方では「読み方の技能と語彙の発達」として規定され、学習者の経験や実践の外部にリテラシーを位置づける政治的イデオロギーによって統制されてきたと批判している。「相互作用イデオロギー」における認知発達の主体と客体の弁証法も、学習者が世界と出会い交渉し文化的意味を再解釈し意味づけなおす変革的実践と対話的実践において再定義されるべきなのである。[21]

5 「リテラシー」から「コンピテンス」へ

「道具的イデオロギー」のリテラシー教育は、その意義が疑問視され、その効用は急速に衰退している。その端的な事例が、一九七〇年代末にアメリカで展開された「基礎に帰れ（back to basics）」の運動の失敗であろう。教育改革に対する保守的反動として展開された「基礎に帰れ」の運動は、政治的には効力を発揮したが、教育的には次の二点において大失敗に終わったと言われている。その第一は、反復練習を基本とする復古的な学習心理学の誤謬である。今日の学習心理学は、基礎的技能は、それが基礎的であればあるほど、反復練習によってではなく、機能的に学習されることを明らかにしている。すなわち基礎的技能の形成は、学習者がその技能を応用し活用する機会と経験を豊富にすることによって達成しうるのである。

「基礎に帰れ」の運動が失敗に終わった第二の理由は、第一の理由よりもいっそう重大である。この運動が展開された一九七〇年代末から一九八〇年代初頭のアメリカ社会は、産業主義の社会からポスト産業主義の社会へと急速に変化する時代であった。モノの生産と消費から知識や情報や対人サービスが経済活動の中心になる社会への移行である。その変化は急激であり、一九六〇年代末に就業人口の七割近くを占めていた工場労働者は、二〇年後の一九八〇年代末には一割程度にまで激減している。この労働市場のドラスティックな変化は、産業主義の社会では多数を占めていた単純労働の消滅を意味していた。３Ｒｓに象徴される基礎技能の教育は、多量の単純労働者によって組織される産業主義社会の残滓であり、ポスト産業主義の社会においては時代遅れの教育であった。その結果、「基礎に帰れ」の教育は、若年層における大量の失業者を生み出したのである。

グローバリゼーションによる産業主義社会からポスト産業主義社会への移行は、リテラシーの教育に新たな再定義を要請している。ポスト産業主義の社会は、情報と知識の高度化と複合化によって特徴づけられる社会であり、しかも知識と情報が流動化し絶えず更新され変化する社会である。ＯＥＣＤ（国際経済開発機構）の試算によれば、現在の子どもが社会に参加する二〇二〇年に、ＯＥＣＤ加盟三〇カ国における製造業の生産量は二倍になるが、製造業に携わる労働者は多い国でも一〇％、少ない国では二％にまで激減すると言う。「読み書き算」の３Ｒｓを「基礎学力」と見る「道具的イデオロギー」のリテラシー教育の存立基盤は完全に崩壊しつつあると言ってよい[22]。

ポスト産業主義社会に要請されるリテラシー教育はどのようなものなのか。その全容は定かではないが、それがもはや読み書きの基礎技能の教育や人文科学の古典を原型とするリベラル・アーツの教育ではないことだけは確かである。ポスト産業主義の社会のリテラシーは、高度化し複合化し流動化する知識社会における基礎教養の教育であり、批判的で反省的な思考力とコミュニケーション能力の教育として再定義されるだろう。

ポスト産業主義社会のリテラシーの在り方を探る先駆的な挑戦として、ＯＥＣＤによる「キー・コンピテンス（key competences）」の研究を挙げることができる。ＯＥＣＤは一九九七年から「キー・コンピテンス」の研究に着手し、ＩＡＬＳ（International Adult Literacy Survey）、ＰＩＳＡ（Program for International Student Assessment）、ＡＬＬ（Adult Literacy and Life Skills）の調査に活用してきた。ＯＥＣＤにおける「コンピテンス」のモデルは、全体的で力動的な概念とされ、複雑な要請に成功的に応答する知識や技能や態度を包括するものと定義されている。そしてグローバル社会における「機会の不平等」、「急激な社会と技術の変化」、「経済と文化の世界化」、「個人と社会の多様化と競争と解放」、「価値規範の変化」、「貧困と抗争」、「エコロジーの世界化」、「新しい様式のコミュニケーションと疎外」などの社会的な変化と課題に応えることが求められ、「自立的に行為し」、「相互作用的に手段を活用し」、「多様な人々と共生する」能力として定義されている。[23]

この「キー・コンピテンス」をもとに作成され実施されたのが、ＯＥＣＤのＰＩＳＡ調査であった。ＰＩＳＡ調査は二一世紀に要請されるリテラシーを「読解リテラシー」と「数学リテラシー」と「科学リテラシー」の三領域で示し、二〇〇〇年から加盟国を中心に国際的な学力テストを実施している。

国際的な学力調査としては、これまで国際教育到達度評価学会（ＩＥＡ）の学力調査がよく知られてきたが、ＩＥＡの調査が参加国の学校カリキュラムの共通の内容をどの程度習得しているかを調査してきたのに対して、ＰＩＳＡ調査では、二一世紀の社会に応じる「コンピテンス」を措定して、「将来の生活に関係する課題を積極的に考え、知識や技能を使用する能力」を調査対象とし、「生涯にわたって学習者であり続けられるような知識、技能がどの程度身についているか」を調査することを目的としている。

「リテラシー」という用語は、評価しようとする知識、技能、能力の幅の広さを表わすために用いられている」と記されているように、ＰＩＳＡ調査における「リテラシー」は、知識の「内容」、「構造」、「プロセス」、「状況」を含む包括的な概念である。「読解リテラシー」は、「自らの目標を達成し、自らの知識と可能性を発展させ、効果的に社会に参加するために、書かれたテキストを理解し、利用し、熟考する能力」と定義され、「情報の取り出し」「テキストの解釈」、「省察と評価」の三つの側面で評価テストが作成されている。他方、「数学的リテラシー」は、「数学が世界で果たす役割を見つけ、理解し、現在および将来の個人の生活、職業生活、大人や家族や親族との社会生活、建設的で関心を持った思慮深い市民としての生活において確実な数学的根拠にもとづいて判断を行い、数学に携わる能力」と定義され、「科学的リテラシー」は、「自然界および人間の活動によって起こる自然界の変化について理解し、意思決定するために、科学的知識を使用し、課題を明確にし、証拠に基づく結論を導き出す能力」と定義されている。[24] いずれのリテラシーの定義も、拡張的で包括的であり、社会生活において知識を活用し応用する能力を含んでいる。

ＯＥＣＤによる「コンピテンス」の研究と「リテラシー」の再定義の試みは、二一世紀のポスト産業主義の社会が要請する共通教養の性格の一端を提示し、リテラシー教育を再定義をする必要を提起している。政治、経済、文化のグローバリゼーションのもとで、平和な世界と民主主義の社会の発展を希求するとすれば、どのような市民的教養を形成すべきなのか。知識が高度化し複合化し流動化するポスト産業主義の社会において、書字文化としてのリテラシーはどのように変貌し、どのような機能をはたすのか。そして、リテラシーを差別と支配と抑圧と排除の手段としてではなく、人々の平等と自立と解放と連帯の手段として機能させるためには、どのような教育の実践が求められているのか。リテラシーの概念の再定義を志向する研究と実践は、未来社会のヴィジョンを選択し創造する教育的な思索挑戦にほかならない。

注

（1） Ong, Walter Jr., 1982, *Orality and Literacy: The Technologizing of the Word*, Methuen.（桜井直文、林正寛、糟谷啓介訳、一九九一、『声の文化と文字の文化』、藤原書店）

（2） Williams, Raymond, 1976, *Keywords: A Vocabulary of Culture and Society*, Harpar Collins Publisher.（椎名美智、武田ち

あき、越智博美、松井優子訳、二〇〇二、『キーワード辞典』、平凡社、一八一—一八六頁）

（3） Graff, Henry J., 1987, *The Legacies of Literacy: Continuities and Contradictions in Western Culture and Society*, Indiana University Press.

（4） 一八世紀から一九世紀にかけて識字率の低下が起こったことを示す研究は多いが、次の文献は実証的研究として示唆に富む。Laquer, T., 1976, "The Cultural Origins of Popular Literacy in England 1550-1850," *Oxford Review of Education*, Vol. 2, No. 3, pp. 225-275.

（5） Kaestle, C. F. et al., 1991, *Literacy in the United States: Readers and Readings since 1880*, Yale University Press.

（6） Resnick, Daniel P., 1991, "Historical Perspectives on Literacy and Schooling," in Stephen R. Graubard (ed.), *Literacy: An Overview by 14 Experts*, Hill and Wang.

（7） Gray, W., 1956, "The Teaching of Reading and Writing," *UNESCO Monographs on Fundamental Education* (10), UNESCO.

（8） Giroux, Henry A., 2001, "Literacy, Ideology and Politics of Schooling", in Henry A. Giroux (ed.), *Theory and Resistance in Education: Toward a Pedagogy for the Opposition*, Bergin & Garvey, pp. 205-231.

（9） 佐藤学、一九九〇、『米国カリキュラム改造史研究——単元学習の創造』、東京大学出版会、第三章「『効率性』原理による単元学習の再編」参照、七七—九三頁。

（10） Cubberley, E. P., 1919, *Public Education in the United States: A Study and Interpretation of American Educational History*. Houghton Mifflin.

（11） 「教育目標」という概念、「学力テスト」による「品質管理」という観念などは、大工場の生産モデルのメタファによって成立した教育イデオロギーでありプログラムであった。リテラシー教育の「道具的イデオロギー」も同じ起源を有している。近代的労務管理システムであるテーラー・システムは、カリキュラムの科学的研究の創始者ボビットの論文、The Elimination of Waste in Education（*The Elementary School Teacher*, Vol. XII, 1912）および、Some General Principles of Management Applied to the Problem of City School System（*The Twentieth Yearbook of the National Society for the Study of

Education, 1913）において教育の理論へと翻案された。詳しくは、佐藤学『米国カリキュラム改造史研究――単元学習の創造』第三章（前掲）を参照されたい。

（12） Hirsh, E. D., 1987, *Cultural Literacy: What Every American Needs to Know*, Houghton Mifflin（中村訳、一九八九、『教養が国家をつくる』、TBSブリタニカ）

（13） 新保守主義による一連のリテラシー（共通教養）論には以下のものがある。

Bloom, A., 1987, *The Closing of the American Mind*, Simon & Schuster.（菅野盾樹訳、一九八八、『アメリカン・マインドの終焉』、みすず書房）

Bennett, W., 1988, *Our Children and Our Country*, A Touchstone Book.

Ravitch, D. & Finn, C. E., 1987, *What Do Our 17-year-Olds Know?* Harper & Row.

（14） Bourdieu, P., & Passeron, J. C., 1977, *Reproduction in Education, Society and Culture*, Sage.（宮島喬訳、一九九一、『再生産』、藤原書店）。

（15） 佐藤学、一九九二、「一般教育の混迷――見失われるカリキュラム」（日本電信電話株式会社広報部『COMMUNICATION』三五号、NTT出版、二月）、佐藤学、一九九六、『カリキュラムの批評――公共性の再構築へ』世織書房、所収。

（16） Purves, A., 1988, "General Education and the Search for a Common Culture," *The Eighty-Seventh Yearbook of the National Society for the Study of Education*, Part 2, Chicago University Press, pp. 1-8.

（17） Martin, Jane Roland., 1984, "The Educated," *Research Bulletin of Boston University*.

（18） Noddings, Nel., 1992, *The Challenge to Care in Schools: An Alternative Approach to Education*, Teachers College Press.

（19） Freire, Paulo., 1974, *Pedagogia do Oprimido*, Paz e Terra.（小沢有作ほか訳、一九七九、亜紀書房）。

（20） Freire, Paulo & Macedo Donald., 1987, *Literacy: Reading the World and the World*, Bergin & Garvey.

（21） Freire, Paulo, "Literacy and Critical Pedagogy." in Paulo Freire & Donaldo Macedo, *Literacy: Reading the World and the World. ibid.*, pp. 141-159.

（22） OECD & UNESCO Institute for Statistics, 2003, *Literacy Skills for the World of Tomorrow: Further Results from PISA*

2000, OECD Publications.

（23） OECD, 2002, *Reading for Change: Performance and Engagement across Countries: Results from PISA 2000*, OECD publications.

（24） 国立教育政策研究所編、二〇〇二、『生きるための知識と技能――ＯＥＣＤ生徒の学習到達度調査（ＰＩＳＡ）二〇〇〇年調査国際結果報告書』、ぎょうせい。

4 公共圏の政治学——両大戦間のデューイ

1 公共圏の哲学へ

両大戦間におけるジョン・デューイの哲学を公共圏の政治学の探究として位置づけるのが本章の課題である。両大戦間のデューイは、リベラリズムの個人主義を批判し、福祉国家の「国家資本主義（state capitalism）」と社会主義国家の「国家社会主義（state socialism）」における官僚的な社会統制を批判し、ファシズム国家の全体主義を批判して、「民主的社会主義（democratic socialism）」にもとづく公共圏の擁護と再構築の方途を探究している。

デューイの公共圏の政治学は、私事性と公共性を二元的に対立させなかった点において、さらには公共圏の成立基盤を市民ではなく共同体に求めた点において、ハンナ・アレントやユルゲン・ハバーマスの公共圏の哲学とは異なっていた点が重要である。

たとえば、ハンナ・アレントにおいて公共性の危機とは、政治への参加を「剝奪された（deprived）状態」である「私事性（privacy）」において組織された社会圏が、政治空間としての「公共的領域（public realm）」を侵食する過程であった（Arendt, 1958）。アレントの立論とは逆に、ハバーマスの「市民的公共性」は「私人」の「生活圏」である社会圏を立脚基盤としていた。アレントが古代ギリシャのポリスにおける「アゴラ」に公共圏の理念型を求めたのに対して、ハバーマスが「市民的公共性」の理念型としたのは、市民革命において登場した新聞をメディアとする「公論」のサロンであった。ハバーマスの「市民的公共性」は、「国家」と「私」の間に広がる「社会圏」を基盤としており、「公論」と「対話」と「実践」を推進する「自由主義」の思想に立脚して成立していた。そしてハバーマスは、「社会圏」が国家権力へと回収された福祉国家の登場によって「市民的公共性」が衰退したと論じている(Habermas, 1962)。

他方、公共圏の基盤となる社会圏の変貌を親密圏の膨張として描き出したのがリチャード・セネットの『公共性の喪失』(*The Fall of Public Man*, 1974)である。セネットは、一九世紀における「私」の家族を中心とする親密圏の拡大が公共圏を解体へと導いたと言う。この「私中心の生活」を促進し親密圏の拡張を推進したのが心理学と精神分析の言説である。心理学と精神分析は「私事性」の中心をなす家庭生活と性生活の情動と欲望を主要な関心事として、「公衆」を「大衆」へ、「公共的な事柄」を「私的な事柄」へと置き換える思考方法を人々の中に浸透させたのである(Senett, 1976)。コーヒーハウスと劇場の衰退に「公共性の喪失」を読み解くセネットの分析は鮮やかだが、しかし、親密圏は公共圏の侵食としてのみ作用するのだろうか。親密圏が公共圏を構築する筋道は存在しないのだろうか。

「公共性」の定義が困難なのは、この言葉が「私事性」との対立において定位される概念だからである。英語における「パブリック」という言葉の登場は一五世紀にまで遡るが、その起源においてこの言葉は「公益」に開かれた領地という意味で用いられ、「プライベート」は特権によって保護された領地を意味していた。公益に開かれた空間が「公共性」であり、逆に保護され隠された空間である家庭生活が「私事性」であった。そして、この言葉が「公衆」という意味を獲得するのは一七世紀半ばのフランスにおいてである。「ル・ピュブリク(le public)」の登場である。そして「公衆(the public)」の登場によって「公共性」は、共和制民主主義の中心概念としての意味を獲得している。

デューイの「公共性」の概念は、この「民主主義」の主体である「公衆」の概念を基礎としていた。デューイにおいて「民主主義」は「生き方（a way of living）」の哲学であり、多様な人々が「共に生きること（associated living）」と定義されている。デューイの言う「公共性の衰退」とは、「公共圏」を構成する「コミュニケーション」と「共同体」の衰退であり、「公共圏」を中心舞台として培養される「民主主義」の危機に他ならなかった。

デューイが「公共圏の政治哲学」を主題化するのは、『公衆とその問題』（*The Public and Its Problems*）を執筆した一九二七年以降である。同書は、都市化と産業化と消費社会の出現によって「公衆」が「大衆」へと転化し、民主主義が危機に瀕する状況に抗して執筆された。「公共圏の政治学」への接近の根底には、古典経済学の個人主義に対する批判が息づいており、同時に、テクノクラートが科学的・計画的に社会統制を行う福祉国家への批判が準備されている。「蒸気」と「電気」で創造された「巨大な産業社会（Great Society）」は「偉大な共同社会（Great Community）」へと移行すべきであるという同書の結論は、後にデューイが「民主的社会主義（democratic socialism）」と名づけた新しい社会主義の主張でもあった（Dewey, 1927）。

ところで、デューイの哲学は、冷戦構造崩壊後にわかに脚光を浴び、「デューイ・ルネッサンス」と呼ばれる状況を生み出している。デューイの哲学は長らく脱政治化されて教育学の領域で読み継がれてきたが、冷戦構造崩壊後は、社会哲学、政治学、技術学、倫理学、美学、宗教学において再評価され、多数の著作が出版されてきた[1]。

デューイの哲学の再評価が活性化した理由は、その「ラディカリズム」にある。デューイは、マルクスとは異なる意味で「ラディカル」な思想家であり「ラディカル」な社会主義者であった。両大戦間に執筆された『哲学の改造』（一九二〇年）、『人間性と行為』（一九二二年）、『公衆とその問題』（一九二七年）、『古い個人主義と新しい個人主義』（一九三〇年）、『リベラリズムと社会的行為』（一九三五年）などの著作と、「第三の党」を創設し「民主的社会主義」

の革命を標榜した一連の政治活動に、その「ラディカリズム」は表現されている。

デューイの政治思想の中心は「民主的な共同生活」にある。「民主主義は共同生活そのものの理念である」とデューイは宣言して、古典経済学の「個人主義」と「産業主義」を批判し、ニューディール政策の福祉国家を批判し、スターリン主義の社会主義国家を批判し、全体主義のファシズム国家を批判している。デューイにおける公共圏の政治学は「民主的な共同生活」の政治と倫理を実現する実践の哲学であった。

しかし、デューイに対する評価は混乱を脱してはいない。たとえば、デューイをハイデガーとヴィトゲンシュタインと並ぶ「二〇世紀の最も重要な三人の哲学者」として絶賛したリチャード・ローティは、デューイを「審美的プラグマティスト」と特徴づけ、ポストモダニズムの先駆者として評価して、デューイがラディカルなリベラリズム批判を展開した事実をすり抜ける離れ業を演じている（Rorty, 1989）。リチャード・バーンスタインが批判したように、ローティのデューイ評価は、デューイが批判した「古い個人主義」と「リベラリズム」の枠内を抜け出てはいない（Bernstein, 1992）。

他方、ジェームズ・キャンベルの著書に代表されるコミュニタリアンのデューイ評価も、デューイの政治思想を共同体主義の倫理思想に還元し、デューイが「新しい個人主義」を提唱し「リベラリズムの復興」に挑戦した事実を軽視しているし（Campbell, 1995）、逆に、アラン・ライアンのようにデューイの思想の中核を「リベラリズム」の発展に見る解釈は、デューイの政治哲学を反共主義を中軸に読み解くことによって、彼の社会主義の政治哲学を無視する結果を導いている（Ryan, 1995）。「民主的社会主義」としてデューイの政治哲学を読み解くロバート・ウェストブルックによる伝記は、デューイの「民主主義」と「社会主義」の連続性を開示する労作であるが、デューイが「民主的な共同生活」と定義した公共圏の政治学と倫理学の分析は不明瞭である（Westbrook, 1991）。

本章では、「民主的社会主義」の哲学に支えられたデューイの公共圏の政治学を読み解くことを試みたい。デューイの「民主的社会主義」に関する研究は、青年期における社会主義思想との接触やシカゴのジェーン・アダムズのセツルメント、ハル・ハウスとの関わりを中心に議論され、もう一方で老年期における「第三の党」の創設を希求する政治活動を中心に議論されてきた。ここでは、両大戦間におけるデューイの思想の展開を考察したい。両大戦間、デューイはすでに六〇歳から八五歳の高齢であったが、その間に執筆された文章は全集の半分に達し、その中心は近代の市民社会を超える政治哲学の探究にあった。

2 第一次大戦後のデューイ――日本と中国への旅

デューイの哲学が政治学を中心に展開するのは第一次世界大戦後のことである。その転回には、第一次世界大戦への参戦支持を表明した彼自身の反省が込められていた。デューイの参戦支持の決断は、アメリカの民主主義によってヨーロッパ諸国の帝国主義を抑止する意図と戦争によって喚起される社会的要求によって国内の革新主義を推し進める意図によるものであった。しかし、その行動は、ジェーン・アダムズらデューイと親交の深い反戦主義の社会主義者の批判を喚び起こしている。最も激しくデューイを批判したのは、デューイの教え子であり若い知識人の中心的存在であったランドルフ・ボーンであった（Bourne, 1917）。そのボーンが一九一八年一二月に病死し、デューイの反省は痛切なものとなる。何よりも人類未曽有の大量殺戮という世界大戦の結末が、「進歩」と「啓蒙」を掲げた西欧近代の政治思想に対する反省を促したのである。一九一八年から一九一九年にかけてサバティカルをとってコロンビア大学を離れてカリフォルニア大学へと移動したデューイは、その後、日本に旅して二カ月余り滞在し、中国には二年間も滞在し民主主義革命を指導している。この三年間の旅がデューイの哲学の転回に与えた意味は大きい。

第一次世界大戦の大量殺戮は、デューイにとってデカルト以降の形而上学の帰結であり、進歩の思想の破綻であり、科学技術の暴走であり、民主主義の敗北であった。一九一八年以前のデューイは、社会主義者との親交を深めてはいたものの、教育学と心理学と倫理学を主要な領域としており、政治学と社会学への関心は薄かった。しかし、一九一九年以降、デューイの心理学は社会学へと発展し、形而上学の倫理学は政治の倫理学へ、教育学は公共圏と民主主義の政治学へと発展している。この転回の兆しは、一九一九年にスタンフォード大学とカリフォルニア大学で行われた二つの講演に見ることができる。スタンフォード大学における講演は後に心理学と社会学と倫理学の統合をはかる『人間性と行為』として出版される。またカリフォルニア大学における講演では「実験科学」が「知識」を対象とするのに対して「哲学」は「民主主義」の「見識（wisdom）」を対象とする思索であることを確認し、「科学」よりも「民主主義」が優先されるべきであると結論している（Dewey, 1919）。しかし、デューイの政治哲学がその輪郭を形成するのは、日本と中国への旅をとおしてである。

デューイが三、四カ月の予定で日本への旅を計画した目的は、大戦を導いた西洋思想を東洋思想によって相対化するためであり、世界の平和のために日本の民主主義に貢献することにあった（Feuer, 1971）。デューイは、第二次世界大戦が東アジアを舞台として起こる危険を予知しており、世界の平和が維持できるかどうかの分岐点が日本の民主化にあると認識していた。第一次世界大戦後の日本は大正デモクラシーのさなかである。デューイの期待は大きかった。

デューイ訪日の計画は、日本興業銀行副頭取の小野栄二郎が企画し、渋沢栄一の資金によって東京帝国大学が招聘する旅として実現した。パリ講和会議が開始された数日後の一九一九年一月二二日に春洋丸でサンフランシスコを出発したデューイ夫妻は、二月九日に横浜に到着している。帝国ホテルに一週間宿泊した後は、新渡戸稲造の屋敷に滞在し、東京帝国大学において「現在の哲学の位置――哲学改造の諸問題」と題する連続講演を二月二五日から三月二一日まで八回に分けて行った。この講演をまとめて後に出版されたのが『哲学の改造』（一九二〇年）である。日本は世界で逸早く『学校と社会』(一九〇〇年、翻訳一九〇五年)を翻訳し、『民主主義と教育』(一九一六年、翻訳一九一八年)を翻訳した国である。初日の講演には、師範学校の教師、大学の教師、学生が一〇〇〇名以上も集まったが、しかし、通訳の不備もあって最終日に残ったのは四〇名足らずである。デューイ夫妻は二月九日から四月二八日までの二カ月余り東京に滞在するが、その間、京都、大阪、奈良を訪問し、多くの知識人と懇談し、いくつかの学校を訪問して教師の会合にも参加している(Dykhuizen, 1989)。

娘エヴェリン・デューイに宛てた手紙を見ると、訪日当初、デューイもアリス夫人も日本の社会と文化に好意的な感情と熱い期待を寄せている。デューイ夫妻は、日本の産業の水準と教養の水準の高さに感銘を受け、日用品の中の芸術的な香りや伝統工芸の素晴らしさに驚き、路地裏に遊ぶ貧しい子どもの笑顔の中に「子どもの楽園」を感じ、『改造』などの雑誌の刊行や東京帝国大学の新人会の運動の中に社会変革の息吹を感じとっている。しかし、デューイもアリス夫人も日増しに日本の現実に落胆し、日本の将来を憂慮し、日本の政治と倫理と教育に対する失望を深めている。

デューイの失望は、一部の富める者と大多数の貧しい人々との間のあまりに大きい所得の格差、住居費と生活費の高さ、労働組合に対する抑圧と弾圧、財閥と政府の癒着、軍部の専制、大学に閉じこもる知識人の「自由」の偏狭さ、天皇制のイデオロギー、全体主義的な教育など多岐に及んでいるが、彼を最も落胆させたのは、「民主主義はリップサービス」と断言してはばからない「進歩的知識人」の倫理の低さであり、知識人と教師の「政治の未熟」であった。デューイは、日本の知識人がアジアの植民地支配に対して無批判なのは「道徳的勇気」の欠如であると指摘し、日本には民主主義が育つ素地が薄く、高まりつつある社会運動もやがては失速してプロレタリア革命へと先鋭化し、狂信的なナショナリズムによる軍国主義が支配してしまうだろうと予測している(Dewey, 1919)。卓見である。

教育に対する失望も深かった。デューイは大正自由教育に共感していたが、その教師たちが熱狂的愛国主義とプロレタリア革命へと分裂すると予測し、天皇制絶対主義の修身教育と歴史教育と軍隊教育に深い憂慮と絶望を表明している。なかでも天皇制教育の基礎にある「単一民族の単一の文化」という「虚構」の「神話」への批判は厳しかった。日本は歴史的にも社会的にも多様な民族と多様な文化を混在させ融合しているにもかかわらず、その多様性を認識せず単一の日本文化として特徴づけるイデオロギーが教育の民主化の大きな桎梏になっているとデューイは指摘している。天皇制教育の全体主義を危惧したデューイは、天皇からの招待と旭日章の授与を丁重に辞退している（Dewey, J. & Dewey, A., 1920）。

デューイがコロンビア大学の教え子で北京大学の教授である胡適から訪中の誘いの手紙を受けるのは、三月の半ば過ぎのことである。デューイは胡適への返信の中で、日本における講演の疲労を告げ、休養を目的として帰米の前に中国で二カ月の観光を行いたい旨を返答している。デューイ夫妻は四月二八日に熊野丸で日本を出航、四月三〇日に上海に到着した。その四日後、五四運動を目の当たりにしたデューイは、中国の学生と知識人の進歩的な思想と勇気ある闘いに共鳴し、二カ月の予定であった中国の滞在期間を二年二カ月に延長して、中国の民主主義革命に献身的に没頭することになる。「三日間」の船旅で行ける中国と日本は、同じ日程で結ばれる世界のどの二国よりも「政治的気運と信念」において「完全に異なる」と、デューイは訪中の喜びを率直に表現している。彼は、中国の人民と連帯し日本の植民地支配に抵抗する実践で、アジアの民主化を推進し、世界平和を擁護する闘いを展開する決断を行ったのである。日本の「リベラリスト」がアメリカの民主主義への羨望を語っていたとき、デューイは、日本とドイツの帝国主義の類似性を論じ、中国の民主主義とアメリカの民主主義の連続性を確信していた（Dewey, 1920）。

李春の研究（一九九七年）によれば、デューイを招聘したのは北京大学、南京高等師範学校、江蘇教育会、尚志学会、新学会であり、一九二一年七月一一日に北京を離れるまでに、上海、北京、天津、遼寧、河北、山西、山東、江蘇、江西、湖北、湖南、浙江、福建、広東の一四州を訪問し、総計二四〇回以上もの講演を行っている。その講演記録を分析した李は、最初の四カ月の講演は訪中前の理論を復唱して「私達アメリカは」と語り出されたのに対して、一九一九年九月の「社会哲学と政治哲学」の講演を開始してからは「あなた達中国は」で語られるようになり、一九二〇年一月に北京高等師範学校教育研究科の専任教授となってからは「私達は」を主語として語られていると言う。アウトサイダーからインサイダーへ、さらには民主主義革命の同志へと、デューイの立場が推移したことをこの語り口の変化は示している（李、一九九七）。

中国におけるデューイの「科学主義」と「民主主義」の影響は、孫文と教育総長（文部大臣）蔡元培らの支持もあって、アメリカにおける影響を凌駕するものであった。デューイは「デモクラシー先生」と慕われ、一九二〇年には北京大学から「第二の孔子」の称号を受けている（Dykhuizen, 1989）。デューイの指導によって、一九二二年一一月に学校制度は「四三四」制から「六三三」制へと変革され、全国の師範学校の附属学校は「デューイ・スクール」をモデルとする「実験学校」へと改組されて、工場と農場を擁する学校が各地に創設された。デューイが講演の中心舞台とした北京大学、南京高等師範学校、北京高等師範学校では女子学生の募集を開始して男女共学の制度も樹立されている。デューイが推進したもう一つの重要な改革は言語の現代化であり、古代文の教科書が廃止されて現代文の「国語」が創造された。デューイが中国語の現代化を推進するまでの中国には共通語は存在せず、省を超えた会話は英語によって行われていた。

デューイの思想は孫文を中心とする民主主義革命に影響を与えただけではない。中国共産党の創設者である北京大学の教授陳独秀や毛沢東にも直接的な影響を及ぼしている。陳は、デューイの「民主主義」を革命の原理とする主張を展開し、一九一八年に胡適からデューイの思想の講義を受けていた毛沢東は、デューイの訪中講演の九〇以上の記録を読み、一九二〇年にはデューイの講演を直接聴くために北京を訪れて、講演の記録係を務め実験主義の思想を摂取している。

第一次世界大戦の参戦支持に対する反省を契機とする訪日と訪中の旅の経験が、西洋中心の哲学を相対化し批判的に吟味する契機となり、デューイの思想にラディカリズムをもたらしたことは想像に難くない。東京帝国大学の講義を基礎に著された『哲学の改造』では、イギリスを中心とする経験論にもとづく自由主義的社会哲学が個人を原子論的に解体する系譜と、ドイツの理性の哲学が超越的な国家概念によって排他的な民族主義へと到る系譜が批判的に考察され、実在に根ざし科学的で実験的で民主的な哲学への改造が展望されている（Dewey, 1920）。

西洋哲学を相対化し批判的に検討する思索は、『人間性と行為』（一九二二年）および『経験と自然』（一九二五年）において、いっそう明瞭に主題化された。「社会心理学序説」という副題をもつ『人間性と行為』において、デューイは、人間の「内面の自由」を規範化する哲学と「環境」（歴史、文化、制度）に「人間性」の特質を還元する哲学の両者を批判し、環境と交渉する人間の行為が習慣を社会的に形成し道徳を成長させる筋道を開示している。同書は、西洋哲学に横たわる形而上学の克服を隠れた主題としており、個人と社会の二元論、意識と行為の二元論、存在と意識の二元論、精神と身体の二元論の克服が思索の中核を構成している。彼の哲学の特質である活動的認識論の立場から諸々の二元論を「連続性」によって内破する思索の様式を示している（Dewey, 1922）。他方、『経験と自然』は、「経験」と「自然」を二元的に扱ってきた哲学の伝統が批判され、「精神＝身体（mind-body）」が言語を媒介とするコミュニケーションの重層的な交渉（transaction）によって社会的経験、科学的経験、芸術的経験を探究する「経験的自然主義」（自然主義的経験論、自然主義的ヒューマニズム）の方法が提示されている（Dewey, 1925）。

訪日、訪中の前後において執筆された『哲学の改造』『人間性と行為』『経験と自然』の三つの著作は、いずれもイギリスの経験論の個人主義およびドイツの観念論的形而上学の批判であり、近代の西洋哲学を構成している一連の二項対立的な概念枠組みを内破する哲学的な挑戦の試みであった。その根幹に第一次世界大戦における大量殺戮の衝撃があったことは先に示したとおりである。科学と産業の「進歩」が人類の幸福をもたらすという信念への根源的な疑いが、デューイの哲学的な思索の転回を促進したのである。

3　公衆の政治哲学

第一次世界大戦後、アメリカの民主主義は二つの危機に直面している。一つは大衆社会の成立による公衆の没落であり、もう一つは戦争ヒステリーに端を発するレッド・スケアによる市民的自由の抑圧である。デューイの公共圏の政治学は、この二つの民主主義の危機への抵抗において成立している。

公衆の没落は投票率の低下として現われた。革新主義の気運が高揚していた一八七〇年代から一八八〇年代の選挙では有権者の投票率は八〇％以上に達していたのに対して、一九二〇年代の有権者の投票率は五〇％台にまで落ち込んでいた。一九二〇年を境界線として都市人口は農村人口を上回り、都市化と産業化を基盤とする行政機構の官僚主義化と個人主義による共同体の崩壊が、民主主義の危機を生み出したのである。

他方、市民的自由の危機は、労働運動と共産主義運動への弾圧において顕著である。第一次世界大戦後、労働運動は一挙に高揚し、一九一九年に結成された二つの共産主義政党、共産主義労働党と共産党は、百万人を超える支持者とともに革命運動の高揚を生み出していた。しかし、その反動として展開された外国人労働者への弾圧と共産主義者のパージ（レッド・スケア）は、一九一九年には三万人近くを擁した共産党を翌年には二〇〇〇人以下にまで激減させて壊滅状態へと追い込んでいる。

デューイが関与したサッコとバンゼッティの事件は、一九二〇年のレッド・スケアの中で起きた代表的なフレーム・アップの事件であった。デューイは、一九二六年、ウォルター・リップマンの主宰する『サーヴェイ』誌にポール・ケロッグやジェーン・アダムズらと共に知事宛ての抗議の手紙を発表している。そして一九二七年にサッコとバンゼッティが処刑された直後に『ニュー・リパブリック』誌に寄せた「心理学と正義」と題する論文において、アメリカ社会では「人種や階級の利害にかかわる社会的な問題において、常に世論や人々の感情が判決に影響を与える」ために「正義を確保する」ことが著しく困難になると、社会的な偏見や差別による民主主義の蹂躙を断じている（Dewey, 1927）。

『公衆とその問題』は、一九二六年一月にオハイオ州のケンヨン・カレッジで行われた講義録が基底となっているが、より直接的にはウォルター・リップマンの『公論』（*Public Opinion*, 1922）および『公衆の亡霊』（*The Phantom Public*, 1925）への反論が契機となっている。リップマンは、民主主義は公衆の公論を前提にしているが、大衆社会において人々は映画や家族や商品など非政治的な事柄に関心を向けており、公衆も公論ももはや「亡霊」となったという。ロシア革命に対する偏見を批判して事実に即して科学的に報道する立場を貫いたリップマンは、すでに近代的ジャーナリストの嚆矢として高い評価を獲得していた。そのリップマンがアメリカの民主主義の「失敗」を「公衆の亡霊」と性格づけて断じた論評は大衆社会の成立を告げるものとして人々に衝撃を与えていた。リップマンは「無知で教育不能な大衆」が登場した社会においては、「民主主義という神秘的な詭弁」は効力を失い、教育も「不完全な民主主義の修復装置」としての機能しか果たしえないと結論づけていた（Lippman, 1922, 1925）。

歴史家のクリストファー・ラッシュが指摘しているように、リップマンの「公衆」への不信は、科学主義を基調とする近代的ジャーナリズムの逸早い対応であると同時に、専門家（テクノクラート）が行政を直接的に合理的に支配するエリート主義の政治構造の成立も意味していた（Lash, 1995）。リップマンは、タウン・ミーティングにおける直接的な参加に淵源をおくアメリカの民主主義を近代主義的に再構成することによって、福祉国家の建設への道を開こうとしていた。リップマンによれば、公衆が自らを統治する社会は前世紀の幻影に過ぎず、今や公衆の民主主義に対する関心は手続き上の事柄でしかありえず、公衆が関心を寄せるのは法一般であって個々の法ではないし、ましてや法の内容ではない。「公衆」や「公論」はかつての自給自足の共同体における「全能の市民」を基礎とする観念であって、現代の社会では専門分野のエキスパートやテクノクラートによる「客観的」な「科学的探究」による判断によって社会は統治されるべきである。すなわち、専門家の客観的で科学的な知識に政治的な意思決定を委ねる福祉国家においては、「公衆」による「公論」は必要悪に過ぎないと言うのである（Lippman, 1925）。

デューイも、リップマンと同様、「公衆の消滅」に民主主義の危機を読み取っていた。後にオルテガやリースマンが問題にした「大衆社会」の病理に対する逸早い対応である。しかし、デューイは、アソシエーショニズム（協同社会主義）とポピュリズムの伝統にアメリカの民主主義の成立基盤を見ており、民主主義の基盤となる共同体を蘇生することによって公共圏を再生する方途を探索している。デューイは公共圏の原型を公立学校と学区の成立に求めている。アメリカの社会においては、人々が生活圏においてコミュニティを形成し、そのコミュニティのタウン・ミーティングにおいて公立学校の設立を決定し、教師を雇用し、子どもを通わせた。この公立学校の学区が最も典型的な公共圏であるとデューイは言う。しかし、市場の拡大によって人々の生活が私事化され、大量の商品や娯楽の氾濫によって人々の意識が非政治化された大衆社会において、どのように「公衆」を再生し「公論」を復権しようと言うのだろうか。

デューイの指摘する「公衆の消滅」は三つの危機を表現していた。第一は「視野の狭い公衆」であり、第二は「拡散した公衆」であり、第三は「無関心な公衆」である。自己中心的な利益を中心とする狭い視野に閉ざされた「公衆」はもはや「公的」な存在ではない。細分化された利益集団の一人として拡散した「公衆」も「公的」な存在ではない。私的な嗜好の中に閉じ籠り、社会や政治の事柄に無関心な「公衆」も「公的」な存在ではない。

デューイは、「公衆の消滅」の中心的な要因を「個人主義」とそれを生み出した近代の政治経済学に求めている。デカルトが想定しロックやスミスやミルが前提とした「合理的な個人」とは虚構ではないのか。さらには、個人の福利と社会の福利の調和を「自然法則」として認識する経済学の原理と、人権を「自然権」において措定する政治学の原理は、いずれも自己充足的で自己完結した個人の観念を基礎として構成された虚構ではないのか。すなわち、市場経済における「自然法則」と個人の人権と呼ばれる「自然権」を基礎として成立している市民社会と近代国家は、いずれも「自然主義的」に解釈された心理学と経済学と政治学の虚構の産物ではないのか。そして、その虚構の個人を前提とする「個人主義」が「公衆の消滅」の根幹に横たわっている問題なのではないか。デューイにおいて「公衆の消滅」は、大衆社会の出現における危機にとどまらず、近代の市民社会の根幹にある「個人主義」と「リベラリズム」をラディカルに問い直す主題として定位されたのである。

デューイは『公衆とその問題』において、「公衆の消滅」を二つの課題に収斂させて論じている。一つは「公衆」の存立基盤であり、もう一つは「国家（州政府 state）」の機能である。

デューイは「公衆」の定義へと接近する道筋として「観念」からではなく「行為」から出発している。公共圏は抽象的に存在するのではなく人々の日々の活動に根ざしている。人々の社会生活は抽象的な孤立した個人の生活ではなく、さまざまな協同社会（association）における活動を基礎として成立している。すなわち協同社会における「活動」を基盤として公共圏は成立していると言うのである。協同社会の活動を基礎とするデューイの公共性の概念は、リベラリズムの主張する「市民的公共性」とは異質のレトリックを準備している点が重要である。デューイの公共圏の政治学は、個人の自由や人権を原理として近代の市民社会を創設したリベラリズムの延長線上にあるのではなく、協同社会の実現を共同体の政治哲学によって追求した空想的社会主義の伝統の延長線上にあり、アメリカにおける社会学の創始者とされるクーリーの提唱した「アソシエーショニズム（協同社会主義）」の伝統に根ざしていた。

デューイは、人の行為が他者に影響を及ぼすという事実の中に、「公的なもの」と「私的なもの」の区別の萌芽があると言う。人の行為の結果がその個人の範囲内にとどまるとき、そのいとなみ（transaction）は「私的」である。

また、Aという人とBという人の間の会話において進行する交渉（transaction）は「社会的」であるが、その結果によるAとBの両者以外に及ばないときは「私的」である。しかし、その会話の結果が、当事者の二人を超えて多くの他者の福利に影響を及ぼすとき、その会話の行為は「公的」である。

ここで「個人的」と「社会的」の区別と「公的」と「私的」の区別は別次元の事柄である。多くの「私的」な行為は「社会的」である。熟慮された行為による二人以上の交渉は、「社会的」であり、「協同的な行動（associated behavior）」の形式として「協同社会」の将来に影響を及ぼしている。その限りで言えば、私的ないとなみも共同体の中では他者を援助している。朝食のテーブルが農民の活動を支えているという例示によって語られる、私的利害の追求が公的な倫理の基礎となるというアダム・スミスの主張もある程度の真実を含んでいる。私的な行為は、間接的な結果や直接的な意図によって社会的に価値のあるものになりうるのである。

この共同体の福利に寄与する「社会的に価値のあるもの」をデューイは「公的」と呼んでいる。公的な建物と私的な建物、公道と私道、公立学校と私立学校、個人と公人、私財と公的基金など、私たちは「公」と「私」との区別を容易に行っている。デューイは、この「公」と「私」の区別の中に「国家」の性格と機能を解く鍵が存在していると言う。「公衆（public）」は、語源的には「公務（official）」を意味していることが示すように、共同体の「共通の財（commonwealth）」を擁護し保護する主体を意味している。公衆は公共圏という共同の場を間接的な結果において擁護し保護しているのであり、政府と国家は、公衆の代理人としての公務員の組織なのである。

公衆と国家との関係は「著者性（authorship）」と「権威（authority）」との関係においても表現されている。世論調査における公論においては、公衆の固有名は消去され、「誰か（somebody）」として匿名化されている。この公衆の匿名性が国家の権威を呼び起こすのである。しかし、デューイは、公衆の個々人の「著者性」が世論と代行者によって「権威」へと転じる過程を「結果」から推論する思考であると批判している。国家があって公共圏が形成され公衆の個々人の行為が認可されたり統制されたりするのではない。公衆の個々人の活動がその協同的な交渉をとおして公共圏を構成し、その公共圏を擁護し保護する国家を要請しているのである。

デューイにおいて「国家（州政府）」とは、比喩的に言えば、オーケストラの指揮者のようなものである。オーケストラの指揮者は何の楽器を奏でるわけでもなければ何の音を発するわけでもない。楽器を奏で音を響かせて音楽を創造するのはオーケストラの団員であるから、指揮者を超越的な存在として全権を委ねるのは愚かなことである。しかし、指揮者への忠誠なしではオーケストラは個々の結びつきを失って解体するし、アソシエーションとして調和のとれた音を響かせることはできない。「指揮者」（国家）と「オーケストラ」（社会）との関係は、さらに「精神」（国家の観念）と「身体」（社会の活動）との比喩でも語られる。人間において「精神（脳）」と「身体（筋肉）」とは協働している。社会科学においては「精神（脳）」の活動が主たる対象であったとしても、「精神」と「身体」との結びつきは無視されるべきではない。しかし、政治哲学が「国家」を「大文字の国家（The State）」として語った途端に「化け物の知性」が我々のまなざしを曇らせ、さまざまな観念の論理的関係を導いて、「国家」の観念は人間の活動の事実から切断されてしまう、とデューイは論じている。「化け物の知性」にからめとられない小文字の「国家」はどう編制されるべきなのか。『公衆とその問題』のもう一つの主題は、この点にあった。

デューイの公共圏が「アソシエーション」を基盤として成立していた点を想起しよう。デューイの「アソシエーション」は、二つの社会編制に対する批判を含んだ概念である。一つは大工場と巨大市場を基礎とする「巨大な社会（Great Society）」への批判であり、もう一つは国家の共同性を基礎とする福祉国家や民族国家やスターリン主義の社会主義国家への批判である。前者は協同する社会を個々人の原子に解体し、後者は多様な人々の交渉に基盤をおく生活の公共圏を理念的な国家の共同性へと回収してしまう。個人の自由を基礎とする市民社会における共同性を表現する「アソシエーション」は、個人と国家の中間領域に成立する公共圏の立脚基盤なのである。

デューイの「民主主義」は、政治的な手続きや制度にとどまらない「生き方（a way of living）」そのものを貫く包括的な概念であり、多様な人々が共生する「協同生活（associated living）」の行動原理であった。より端的に言えば、「民主主義」とは、アソシエーションが構成する公共圏への参加の原理であった。そして、この「アソシエーション」を破滅へと導いたのが、産業社会と市場社会で組織された「巨大な社会（Great Society）」である。デューイは、「巨大な社会（Great Society）」は「偉大な共同体（Great Community）」へと転換しなければならないと結論づけている。

デューイが「巨大な社会」というとき、それは匿名の個人が自由の理念を掲げて構成した市民社会そのものを意味していた。「巨大な社会」において国家の統一は、意見や情報を短時間で安易に循環させるマスメディアのテクノロジーによって組織されており、その政治的な統一は社会的な画一性と知的な画一性を助長し、政治の凡庸な標準化を促進する。「大量生産は工場だけの話ではない」のである。しかも、この「巨大な社会」は、民主政治の基礎を「個人主義」に置いている。その結果、政治的な統一や国家の統合が促進されれば促進されるほど、多様な人々が交流する協同生活は解体され、民主主義の主体となるべき公衆は消滅するという皮肉な結果を導いていると、デューイは指摘している。

デューイは、アソシエーションにおける人と人の絆を回復し、「偉大な共同体」を建設する鍵として「コミュニケーション」による「民主主義」の重要性を指摘している。

「民主主義は協同生活（associated life）の原理以外の何ものでもない。民主主義は共同体の生活（community life）そのものの観念である」（Dewey, 1927, p. 48）。

そして異質な人々が共生するアソシエーションを組織しているのは「顔と顔をつき合わせたコミュニケーション（face to face communication）」であり、このコミュニケーションによって人々は共同体を構成する。

ここで、デューイの「アソシエーション」と「共同体」が、イギリスのリベラリズムの哲学と経済学が想定した自己完結的な個人という観念、あるいはドイツ観念論が想定した自律的な主体という観念に対する批判概念であった点が重要である。人は個人として生まれてくるのではなく「他者と共生する有機体（organic being）」として生まれてくるのである。と同時に、人は「共同体の構成員として生まれてくるのではない」。人はアソシエーションの中に生まれ、教育によって共同体の構成員になるのである。このデューイの哲学は、彼の構想する公共圏が国家と個人の間の社会圏において組織される「市民的公共性」を基礎とするだけでなく、民主主義という知的な信念で結ばれた「共同体」を基盤とするものであり、さらには人類という種の共存と維持に関わる生命圏にも根をおろす公共圏であったことを示している。公共圏の哲学が、絶えず「身体」の「行為」を出発点として構想されるのは、彼の公共圏が近代の市民社会を超えた社会への志向によって構想されていることを示している。近代の市民社会を構成した「社会」も「個人」も「非現実的な抽象」なのである。

「『社会という観念』は非現実的な抽象になるし、『個人という観念』も非現実的な抽象である。個人はあれこれの集団から切り離され、結婚する必要も教会のメンバーになる必要も選挙民になる必要もクラブや科学組織に属する必要もなくなる。そこではどんなアソシエーションの一員でもないはみ出し者の個人というイメージがふくらんでいる」（Dewey, 1927, p. 191）。

こうして、『公衆とその問題』は「顔と顔をつき合わせる共同体」におけるコミュニケーションに公衆を復帰する方法を見出している。どんなにマスメディアが発達し、どんなに科学と技術の合理主義が支配してテクノクラートが構成されようとも、公衆は自らが直面する問題を、身近な人々と相互に成長し合う関係を築かない限り解決することはできない。そのコミュニケーションが公衆を再生する唯一の方法であり、コミュニケーションによって形成される「社会的知性」が、民主主義の政治の実現を導くのである。

公衆におけるコミュニケーションを重視するデューイの主張は、しかし、リベラリストが提唱する活発な公論とは質的に異なっている点に留意する必要がある。デューイは個々人が言論の自由によって自己主張を闘わせ公論を形成することを主張しているのではない。コミュニケーションにおいてデューイが強調しているのは、「対話（dialogue）」であり、自己の主張を語る行為よりも他者の声を聴く行為である。『公衆とその問題』の結論部分の最後のくだりで、公論を築くコミュニケーションにおける話し言葉には書き言葉にはない生き生きとしたものがあると述べた上で、デューイは聴く行為の重要性を強調して、次のように結論づけている。

「聴覚（the ear）と生き生きとほとばしる思考や情動との結びつきは、視覚（the eye）とそれらとの結びつきよりも圧倒的に緊密であり多彩である。観ること（vision）は観照者（spectator）であり、聴くこと（hearing）は参加者（participant）である」（Dewey, 1927, pp. 218-219）。

4　リベラリズムの批判と擁護

「巨大な社会（Great Society）」を「偉大な共同体（Great Community）」へと転換して公衆を擁護し民主主義を復権すべきであるという『公衆とその問題』における結論は、しかし、科学主義と技術的合理主義がテクノクラシーを形成し、専門的官僚による福祉国家のシステムへと移行する一九二〇年代後半のアメリカ社会において注目されることはなかった。テクノクラシーの政治支配を必然とするウォルター・リップマンらから見れば、デューイの「偉大な共同体」という国家の構想は、第一次世界大戦前の革新主義の残滓と見られ、前世紀においてアメリカ各地で実験された空想的社会主義の思想へのノスタルジーとして理解された。過去の話ではない。現代においても、クリストファー・ラッシュは『真理と唯一の神』（一九九一年）において、『公衆とその問題』におけるデューイのリップマンに対する批判を高く評価しながらも、デューイの「偉大な共同体」が一九世紀アメリカの民主主義へのノスタルジーとしての性格を持っていたことへの疑いを払拭してはいない（Lash, 1991）。ラッシュに限らず、デューイの政治哲学に関しては、これまでも「ロマン主義」という批判が繰り返し指摘されてきた。しかし、デューイが人間の「知性」と「想像力」の可能性を前提に政治哲学を構成したことは確かであるが、それを「ノスタルジー」や「ロマン主義」と特徴づけてよいものなのだろうか。むしろ、デューイ自身が強調した「ラディカリズム」の政治哲学の所産として読むべきではないだろうか。

デューイの公共圏の基礎は「共同体」である。デューイの「共同体」の概念は決して難解なものではない。「共同体」は「共通のもの（the common）」を共有し「コミュニケーション」によって構成された人と人の絆である。この「共通のもの」とは、共通の信仰、共通の倫理、共通の文化、共通の知識、共通の福利、共通の施設などが含まれる。この「共通の善や財」が「公共的なもの」なのである。言いかえれば、「共通のもの＝公共的なもの」を共有し「コミュニケーション」で結合された人の絆が「共同体」であり、その「コミュニケーション」の空間が公共圏なのである。公共圏とは、「コミュニケーション」によって「共通のもの＝公共のもの」の価値や福利を構成し、それを「分かち合う活動（sharing activity）」が遂行される空間である。

この公共圏の構成と組織、すなわち「コミュニケーション」による「共同体」の組織において重視されたのが教育である。教育こそが人間の「社会的知性」と「想像力」の成長を促し、一人ひとりの「個性」を他者の「個性」と並行して形成して、人々を「民主的公衆」へと発達させるからである。デューイの公共圏の政治学は、人間の可能性を開く教育を中心領域とする政治学であった。デューイの政治哲学にロマン主義を覚える人々は、政治学と倫理学と経済学と心理学によってデューイの社会変革の哲学を認識しているのであり、デューイが「民主主義の助産婦」と呼んだ教育の機能を正当に評価していないのである。

デューイの公共圏の政治学において、批判の焦点となったのがリベラリズムの思想的基盤となった個人主義とレッセ・フェールの市場主義である。人は自己完結的な個人として生まれるのでもなければ、人権は「天賦人権説」が唱えるように、生来、備わっているものでもない。人は人と人の関わりの中で協同的な存在(associated being)として生まれるのであり、人権はその人が属する共同体の闘いの成果として実現するのである。

デューイにおける「自然」は「個人」でも「市場」でもなく「アソシエーション」であり「共同体」であった。人は単独で生きているのではなく、人と人との関わりの中で生きているという誰もが認める素朴な事実からデューイは出発している。デューイは、アメリカでも日本でもルソーとの類似で「自然法」の系譜に立つ思想家として認識されがちだが、デューイの「人間的自然＝人間性」の基盤は「個人」ではなく「協同性」に求められていた。デューイにおいては「個人(individual)」も「社会(society)」も「協同生活(associated life)」から析出されるものであって相互媒介的な概念であった。『リベラリズムと社会的行為』(一九三五年)において、デューイは「個人」を「所与(ready made)」と見なす「心理学の仮説」を批判し、「個人の権利」は「社会関係の政治的組織に先行して存在するのではない」と主張している(Dewey, 1935)。「個人的な事柄と社会的な事柄との間に何ら葛藤はない」のであり、「社会集団の中でのみ人は個性を発達させる機会を有している」のである。特定の個人が特定の社会(対人関係)を構成し、特定の社会が特定の個人を構成するというのが、デューイの「個人」と「社会」の関係に対する認識であった。個人はそれ自体ですでに社会的なのである。

さらにデューイは、「個人主義(individualism)」と「個性(individuality)」を区別し、「個人主義」を克服して「個性」が開花する社会を展望している(Dewey, 1930)。「個性は始めから与えられたものではなく、協同生活のもとで創造されるものである」(Dewey, 1920)と言われ、「個性」は社会集団の中で発達し、「流動的であり、持続的な成長の中でのみ獲得されるもの」(Dewey, 1935)とされている。デューイにおいて「個性」は人間の想像力にもとづく知性の多元的で多様な可能性を示す概念であり、社会進歩の手段であると同時に民主主義が成立する基盤であった。

この「個性」の発達を推進するのが「自由」の概念である。『リベラリズムと社会的行為』は、リベラリズムにおける「ラディカリズム」を鮮明に主張した著作であった。デューイは、リベラリズムに対する最もラディカルな批判者であると同時に最もラディカルな擁護者でもあった。デューイが、リベラリズムを容赦なく批判するのは、リベラリズムが個々人を原子へと解体し、人々の経験を基礎とする共同体的な絆と民主主義の倫理と公共圏を破壊するからであり、デューイがリベラリズムを徹底して擁護するのは、この思想が個性の可能性を自由に表現し、多様な人々が共に生活する民主主義を実現する基礎となるからである。したがって、デューイの「自由」は、国家の権力統制や既存の社会制度の枠組みからの「自由」というよりは、むしろ個人が社会的利益に貢献することを可能にする公共圏に参加する積極的な「自由」を意味していた。自由を希求する闘いをとおして、人は、自らの個性となる自己を形成し、民主主義の倫理と公共的な福利を共有する社会を形成すると考えられたのである。

リベラリズムに対する徹底した批判と徹底した擁護という両義的な「ラディカリズム」は、一九三〇年代におけるデューイが、市場を万能視するレッセ・フェールの資本主義を批判し、テクノクラートによってシステム化されたニューディール政策と福祉国家論を批判し、スターリン主義の社会主義国家を批判し、さらにはドイツやイタリアや日本のファシズムの全体主義を批判する基盤となった。

5　民主的社会主義の哲学

一九二九年、デューイは、ポール・H・ダグラスらとともに「独立政治行動連盟（IPA）」を結成し、社会党のノーマン・トーマスを大統領候補として支持し、翌一九三〇年には民主党の打倒と「第三の党」の結成を呼びかけている（Dewey, 1931）。「民主的社会主義」による革命政党を樹立する闘いの開始である。「独立政治行動連盟」が掲げた「第三の党」は、イギリスのフェビアン社会主義の影響を受けており、イギリス労働党をモデルとしていた。そして「第三の党」を樹立する努力は、社会民主主義を信奉する知識人を中核として社会党と共産党の連合を追求する挑戦でもあった。しかし、その挑戦は、社会党と共産党の対立の激化によって実現を阻まれている。一九三四年の社会党と共産党の対立による流血事件、同年のコミンテルン第七回大会決定の「人民戦線」政策以降、共産党は内部においてスターリン主義とトロツキー主義の対立を深めながら福祉国家政策への接近を強め、一九三八年の第一〇回党大会における「民主戦線」の提起によって、ニューディール政策の支持とローズベルト大統領の支持へといたる。

ウェストブルックが的確に指摘したように、一九三〇年代以降のデューイの社会思想は「民主的社会主義（democratic socialism）」として特徴づけることができる（Westbrook, 1991）。デューイの社会主義への傾倒は、青年期における空想的社会主義への憧憬を出発点としているが、より端的には一九二八年のソビエト訪問とその全面的とも言える賛辞の中に表現されている（Dewey, 1928）。アメリカの共産主義者たちもデューイの思想の社会主義的な性格にシンパシーを示していた。たとえば、『リベラリズムと社会的行為』に対して、アメリカ共産党の一部には「アメリカにおける『共産党宣言』」と評価する声もあったと言う。しかし、アメリカ共産党がコミンテルンの影響のもとでスターリン主義へと傾斜し、ニューディール政策に接近するのとは対照的に、デューイは、スターリン主義の「国家社会主義」（state socialism）に対する批判を強め、ニューディール政策の「国家資本主義（state capitalism）」に対しても批判を強めている。デューイとアメリカ共産党の社会主義革命における路線の対立も明瞭である。

スターリンの社会主義を「国家社会主義」として特徴づけながら、デューイは自らの社会主義を「民主的社会主義」あるいは「公共的社会主義（public socialism）」と呼んでいる（Dewey, 1939）。事実、労働者階級の解放を求め、労働者階級を政治権力の中心とする社会主義国家を建設することを標榜しながらも、デューイの「民主的社会主義

（公共的社会主義）」の革命とスターリンやトロツキーらのマルクス主義による革命とは次の諸点において性格を異にしていた点が重要である。

第一に、デューイの推進した社会主義革命は教育を中心的な手段とする非暴力的な革命であり、ソビエトで遂行された暴力革命とは戦略において異なっていた点である。第二に、樹立される政治権力においても違いがあった。デューイの推進する社会主義国家の政治権力はソビエトのような労働者階級の専制的な権力ではなく、議会制民主主義を前提とする政治権力であった。第三に革命の主体においても違いがあった。ソビエトにおける革命の主体は労働者階級であり労農同盟であったのに対して、デューイの構想する社会主義革命は教師と知識人と自営業者などの小市民を主体とする革命であった。なかでも教員労働組合に対する期待は大きかった。教師こそ「公共的社会主義」を組織する中心的な主体であり、民主主義革命を遂行して社会主義国家へと連続させる中心勢力であった。第四に建設される社会組織のイメージにおける違いがある。ソビエトが集産主義の計画経済を推進する労働者組織と農民組織で構成される社会であったのに対して、デューイの構想する革命後の社会は「偉大な共同体（Great Community）」であり、民主主義の政治倫理で構成された公共圏を中核とする協同的な社会であった。そして、第五に、生産と再生産の関係においても違いがあった。マルクス主義の経済学においては社会の中心が生産過程におかれ、再生産過程は労働力の再生産として生産に対して従属的な位置を与えられていた。しかし、デューイにおいてはむしろ文化の再生産における政治的過程が社会の中心問題であり、生産過程が再生産過程に従属するものとして認識されていた。デューイは「生産の究極的な問題は人間存在の生産である」と主張している（Dewey, 1939）。

デューイの「民主的社会主義」の思想は、スターリン主義の「国家社会主義」とニューディールの「国家資本主義」と全体主義の「ファシズム国家」という大恐慌後に分岐した三つの社会システムに対するラディカルな批判としての意味を持っていた。一九三〇年代に世界の各国が移行した「システム社会」（山之内靖）の三つのモデルに対する批判である。事実、デューイは、スターリンの社会主義国家やニューディール政策の福祉国家が、いずれも「計画化された社会（planned society）」であると述べ、自らの推進する「民主的社会主義」の革命は、その運動の中で絶えず構想され修正される「計画する社会（planning society）」であると特徴づけている。日常的な経験が含む協同性と共同性を基礎として民主主義の実現を遂行する永久的な過程が、デューイの推進する「民主的社会主義」の革命であったのである。

一九三〇年以降に展開された「第三の党」の設立を求める模索の軌跡は、デューイの「民主的社会主義（公共的社会主義）」の具体的な実行過程であった。「第三の党」の構想は、一九三三年にはミネソタ州の労農同盟を中心とする「労農政治同盟（ＦＬＰＦ）」として具体化され、デューイは同盟の議長として選出されるが、この組織から発展した「アメリカ共和政治連盟（ＡＣＰＦ）」も一九三六年にはニューディール政策を推進するローズベルト大統領を支持し、デューイの構想は頓挫している。市場を万能視するレッセ・フェールのリベラリズムを批判し、ニューディール政策の「国家資本主義」を批判し、計画経済と官僚主義の「国家社会主義」を批判したデューイの「民主的社会主義」は、アメリカ社会の現実的な文脈においては成立基盤を失っていた。

6　宗教を超えるもの

『共通の信仰』（一九三四年）と題された小さなパンフレットは、デューイの公共圏の政治学のもう一つの特質を示す著作である。同書は、出版直後から有神論者においても無神論者においても失望と批判の焦点となってきた。神学者からは「神」の存在と「宗教」の価値を否定する「無神論」と落胆され、プラグマティズムの哲学者からは「科学」を否定し人間の「非合理性」を承認する「自然主義的な有神論」と批判され、マルクス主義者からは「神への信仰」を承認し「宗教」を擁護するものと批判されている。

デューイの母親は敬虔な組合教会の会員であり、デューイ自身もミシガン大学の哲学講師として研究者のスタートを切った青年期には組合教会の熱心な信者であり、三五歳までは日曜日には欠かさず教会に礼拝に出かけていたと言う（Rockefeller, 1998）。しかし、デューイは、プラグマティズムの哲学を探究し始めてからは、経験的認識論を基礎とする無神論者であった。一八九二年の論文「キリスト教と民主主義」においてデューイは、あらゆる宗教は共同体や人種の社会的生活と知的生活に由来していると述べて、「キリスト教の現代における理想」は「民主主義」にあると主張し、「神の存在」への忠誠を「民主主義」の信念へと転換させる必要を提起している（Dewey, 1892）。以後、デューイは『共通の信仰』を執筆するまで直接的に宗教を論じてはいない。

デューイは『共通の信仰』において、「宗教（religion）」と「宗教的なもの（religious）」を厳密に区別して、「宗教」を否定し、人間の経験の一部である「宗教的なもの」の擁護を企てている。名詞の「宗教」は、特定の宗教と宗派を意味し具体的な教会を示しているのに対して、形容詞の「宗教的なもの」は多様な宗教や宗派を包摂した「宗教的な経験」を表現していると言う。

もちろんデューイは、有神論の立場から「宗教的なもの」を擁護しているわけでもなければ、経験的認識論の科学的な方法や合理的な精神を否定しているわけでもない。むしろ、人の経験が「宗教的な経験」を含みもっており、その「宗教的な経験」が合理的な経験だけではなく非合理的な経験をも含んでいる事実を出発点にしている。そしてデューイは、宗教が知的な精神と道徳的な規範を調和的で全体的な世界観において希求してきた歴史を踏まえて、「宗教」の中に閉じ込められてきた「宗教的な経験」を既存の「宗教」から救い出し蘇生させる企てを展開したのである。

無神論の立場から「宗教的なもの」に込められた人間の知性と倫理を哲学的省察において探究するデューイは、自らをスピノザの延長線上に定位している。スピノザは、西洋思想の三つの伝統、すなわちヘブライ人の正義の伝統、古代ギリシャの知性の伝統と科学的な発見の伝統を蘇生することによって宗教と科学との調和を探究していた。デューイも、今や「知性の破産者」となり「道徳の破産者」となった既存の宗教から「知性」と「倫理」の「信仰」を救い出すことを企てたのである。

「宗教的な経験」は「道徳的経験」と「美的経験」と重なり合いながら、個人の内発的な「想像力」や「ローカルな経験」を「普遍的なもの」に導き、「善」と「美」を結合して経験に全体性と調和をもたらし、人と人を「信仰」によって結びつけている。しかし、「宗教」の「知性的な破産」は明らかである。デューイは「科学的な方法」が「開放的で公共的」であるのに対して「教条的な方法」は「限定的で私的」であると指摘している。さらに「宗教」が措定している「超自然的な存在」による「見えない力の支配」は、知的な探究と実践的な解決を阻む桎梏でさえある。既存の宗教の「道徳的な破産」も明瞭である。宗教による戦争や不正義の拡大は言うまでもなく、宗教それ自体の世俗化によって教会は「羊」や「山羊」として象徴された救出されるべき民衆に対する「リップサービス」によって信者の獲得競争を行い、政治や経済や社会を改善する道徳的な影響力を失っている。

しかし、デューイは、「宗教」における「超自然的な存在による統制」を「科学」と「道徳」に置き換えることを主張しているのではない。デューイが「宗教」を否定し「宗教的なもの」を擁護するとき、彼は「共通の信仰」を多種多様な「宗教」から救い出すことを追求していた。「信仰」は、デューイの哲学の中心的な概念である。「民主的な協同」における「実効的な信仰（working faith）」と言われたり、「道徳的な信仰（moral faith）」という用法がしばしば使用されている。「信仰」は、実現可能な信念を意味しているが、「信仰」が「予測や期待」を含意するときは「科学的探究」との間に葛藤をもたらすとデューイは述べている。「信仰」は既存の「科学」や「道徳」を超えた概念なのである。

宗教の教義を失っても普遍的なものと自己の一致を求める「信仰」を失ってはならないというのが、デューイの主張であった。そして「共通の信仰」の基盤は「個人は教会の一員として生まれるのではなく、共同体の一員として生まれる」という点に求められた。「共同体」の一員として生まれる人間の「宗教的な信仰」は、エマーソンが提示したように「自然の敬愛（piety to nature）」としての「信仰」であり、もう一つの自然である人間性が「協同生活（associated living）」の中で十全に開かれる可能性に対する「信仰」である。人は「知性」と「想像力」によって自然を敬愛し人間性の開花を実現する存在であり、協同生活において「民主主義」を実現する存在である。「共通の信仰」とは、人と人の絆を回復し、「民主主義」を希求する人々の祈りと未来への意思によって結ばれた共同体を教会の外に構築する、宗教を超えた「信仰」なのである（Dewey, 1934）。

結論

両大戦間のデューイは、形而上学から離脱し、リベラリズムの個人主義を批判して公共圏の政治学を復興する方途を探究することによって、「進歩主義者」から「社会主義者」へと移行している。世界大戦における大量殺戮の現実と危機は、デューイにおいては「進歩」の思想を前提としてきた西洋の近代思想の破綻を意味し、大衆社会における「公衆の消滅」はリベラリズムの個人主義の破綻と民主主義の危機を意味し、大恐慌の現実は市場万能主義の破綻を意味していた。そしてニューディール政策によって現実化した福祉国家（「国家資本主義」）とスターリンの計画経済によって推進された社会主義国家（「国家社会主義」）は、いずれも国家の機能を肥大化させて自由な個性の発展を抑制し産業主義と官僚主義を助長するものと批判されている。デューイが希求したのは「公共的社会主義」であり、多様な人々が「生き方」としての「民主主義」を実践して共生する社会を構成する「民主的社会主義」であった。

デューイはラディカルな社会主義者であった。彼の社会主義におけるラディカリズムは、サッコとバンゼッティ事件に対する積極的な抗議活動やスターリンがメキシコに亡命中のトロツキーの処刑を命じたトロツキー事件における調査委員長の活動に表現されているのではない。それらの活動は、社会主義と共産主義を擁護する活動ではなく、思想と表現の自由を擁護する闘いであった。デューイの社会主義のラディカリズムは、個性の自由な発達を社会主義の基本原理とし、社会主義の思想を国家主義と全体主義から解放した点にある。そして、デューイの社会主義のラディカリズムは、リベラリズムの経済学が措定する個人主義を批判するラディカリズムであり、多様な人々がコミュニケーションによって構成する公共圏の民主主義を追求するラディカリズムである。さらには、その公共圏の政治学によって国民国家と市民社会を「偉大な共同体」へと変革する革命を希求するラディカリズムであった。

デューイは、「公共性」と「民主主義」と「共同体」の三つの概念によって近代の国民国家と市民社会を超える論理を探究し続けていた。デューイにとっては、ケインズ経済学による福祉国家もスターリン主義の社会主義国家もファシズム国家もドイツ観念論の哲学が準備した「国家理性」の帰結であり、大衆社会における公衆の没落も競争と差別を含む市民社会の現実も階級間の分裂を生み出す大恐慌の現実も、イギリスの経済学が提起した市場経済と功利主義の政治の必然的な帰結であった。晩年のデューイがダニエル・ベルの「人間の機械への適応」（一九四七年）とカール・ポランニーの『大転換』（一九四四年）の二つを「エポック・メーキング」な論文として絶賛したのは、産業主義と市場経済の膨張にデューイが根本的な危機感を強めていたことを示している（Dewey, 1947）。

しかし、デューイの公共圏の政治学は、当時から今日に到るまで、老齢の哲学者の良識ある発言として注目されてきたものの、その思想の革新性について受容されてきたとは言い難い。デューイの哲学的探究は、教育の領域では持続的に関心が注がれてきたが、教育学におけるデューイは徹底して脱政治化されており、政治学においては「共同体」における意見の調和を信じた「ロマン主義」の理論として無視されてきたのが現実である。デューイの政治哲学のルネッサンスが生じたのは、彼の公共圏の政治学におけるラディカリズムが現実的な意味を帯びてきた冷戦構造の崩壊後においてである。

デューイの公共圏の政治学は、国家を中心とする公共性はもちろん、アレントの提唱する公共圏やハバーマスが立脚した市民的公共性に回収されない重層的な公共圏の成立基盤を示唆している。近代における公共圏は、市場経済において成立する社会圏に成立しているが、デューイの公共圏は、社会圏のみならず生命圏に深く根ざした公共圏である。デューイが公共圏を主題化する前提が「市民」としての「個人」ではなく、「共同体の一員」としての「個人」にあった点を想起しよう。あるいは、デューイにおける「社会」が「意識」や「精神」の産物ではなく「精神＝身体（mind-body）」の「活動」の産物であった点を想起しよう。さらには、その公共圏が「市民社会（society）」ではなく「協同社会（association）」を基盤としていたことを想起しよう。デューイの公共圏は生命圏における「共同性」に根ざした政治空間であり、「他者と共に生きる存在」である人間の協同性を基礎とするライフ・ポリティクスの空間なのである。

そして、デューイにおける「公共性」と「私事性」は二律背反的な対立項ではない。デューイにおいては「私的」とされる事柄の大半は社会的であり公共的である。したがって、私的領域や親密圏が膨張したために公共圏が解体しているのではない。私的領域や親密圏に内在する公共性が個人主義のイデオロギーによって私事化された結果、公共圏が解体しているのである。だからこそデューイは「個性」の実現を「公共圏」を復興する基礎要件としたのである。一九三〇年代のデューイが美的経験による想像力の発達を探究したのは、美学と倫理学による「個性」の発達を基礎とする多様な文化の交歓が、公共圏の政治学を活性化する生命力となるからである（Dewey, 1934）。公共圏の政治学（ポリティクス）は詩学（ポエティクス）を必要としているのである。

デューイの公共圏の政治学は未完の政治学であった。「民主的社会主義」のヴィジョンは「偉大な共同体」という抽象的な社会像しか提示しえていないし、「偉大な共同体」は人間の可能性である「知性」と「想像力」の自由な発達とそれを実現する「民主主義」を「共通の信仰」とする闘いを必要としていた。デューイの公共圏の政治学は、宗教を超えるものを「共通の信仰」とする「民主的な公衆」の登場を要請する哲学であり、近代の市民社会を超える社会を準備する政治哲学であった。それは、他者との「共生」を「生き方」として身体化する未完のプロジェクトであり、民主主義を実現する永続的な革命の哲学なのである。

注

（1）デューイに関する近年の主な著作として以下の文献を挙げることができる。

Rorty, Richard, 1989, *Contingency, Irony and Solidarity.*
Hickman, Larry, 1990, *John Dewey's Pragmatic Technology.*
Westbrook, Robert B., 1991, *John Dewey and American Democracy.*
Rockfeller, Steven C., 1991, *John Dewey: Religious Faith and Democratic Humanism.*
Bernstein, Richard Jacob, 1992, *The New Constellation: The Ethical-Political Horizons of Modernity-Post Modernity.*
Stuhr, John J., 1993, *Philosophy and the Reconstruction of Culture.*
Garrison, Jim, ed., 1995, *The New Scholarship on Dewey.*
Campbell, James, 1995, *Understanding John Dewey: Nature and Cooperative Intelligence.*
Ryan, Alan, 1995, *John Dewey and the Tide of American Liberalism.*
Welchman, Jennifer, 1995, *Dewey's Ethical Thought.*
Garrison, Jim, 1997, *Dewey and Eros: Wisdom and Desire in the Art of Teaching.*
Hickman, Larry, ed., 1998, *Reading Dewey: Interpretation for a Postmodern Generation.*
Fott, David, 1998, *John Dewey: America's Philosopher of Democracy.*
Boisvert, Raymond. D., 1998, *John Dewey: Rethinking Our Time.*

Jackson, Philip, 1998, *John Dewey and the Lesson of Art.*

参考文献

Arendt, Hanna, 1958, *Human Condition.* The University of Chicago Press.（志水速雄訳、一九七三、『人間の条件』、中央公論社）

Bernstein, Richard, 1992, *The New Constellation: The Ethical-Political Horizons of Modernity/Post Modernity.* Blackwell.（谷徹・谷優訳、一九九七、『手すりなき思考——現代思想の倫理—政治的地平』、産業図書）

Bourne, Randolph., 1917, "Conscience and Intelligence in War," *The Dial,* 13, September, 1917.

Campbell, James, 1995, *Understanding John Dewey: Nature and Cooperative Intelligence.* Open Court.

Dewey, John, 1892, "Christianity and Democracy," *Early Works,* 4: 7–8.

Dewey, John, 1919, "Philosophy and Democracy," *University of California Chronicle,* 11, *Middle Works,* 11.

Dewey, John, 1919, "Liberalism in Japan," *Middle Works,* 11: 156–173.

Dewey, John., 1919, "On Two Sides of the Eastern Sea," *Middle Works,* 11: 174–179.

Dewey, John, 1920, *Reconstruction in Philosophy,* Henry Holt & Company.

Dewey, John, 1922, *Human Nature and Conduct: An Introduction to Social Philosophy,* Henry Holt & Company.

Dewey, John, 1925, *Experience and Nature,* Open Court Publishing.

Dewey, John, 1927, "Psychology and Justice," *Later Works,* 3: 186–195.

Dewey, John, 1927, *The Pubic and Its Problems.* Henry Holt & Company.

Dewey, John, 1928, "Great Experiment and the Future," *Later Woks,* 3.

Dewey, John, 1930, "Individualism Old and New," *New Republic,* 62, April 1930, *Later Works,* 5.

Dewey, John, 1931, "The Need for a New Party." *New Republic,* 66, March 1931, *Later Works,* 6.

Dewey, John, 1934, *A Common Faith,* Yale University Press.

Dewey, John, 1934, *Art as Experience,* Capricorn Books.
Dewey, John, 1935, *Liberalism and Social Action, Later Works,* 11.
Dewey, John, 1939, "I Believe," in Clifton Fadiman (ed.), *The Personal Philosophies of Certain Eminent Men and Women of Our Time,* Simon and Shuster, *Later Works,* 14.
Dewey, John, 1939, "Economic Basis of the New Society," *Later Works,* 13.
Dewey, John, 1947, "Comment on Bell and Polanyi," *Later Works,* 15: 361.
Dewey, John & Dewey, Alice, 1920, *Letters from China and Japan,* E. P. Dutton & Company.
Dykhuizen, George, 1989, *The Life and Mind of John Dewey,* Southern Illinois University Press.
Feuer, Lewis, 1971, "John Dewey's Sojourn in Japan," *Teachers College Record,* 11: 1.
Habermas, Jurgen, 1962, Strukturwandel der Öffentlichkeit, Neuwied.（細谷貞雄訳、一九七三、『公共性の構造転換』、未來社）
李春、一九九七、「デューイの訪中講演に関する一考察」アジア教育史学会『アジア教育史研究』第六号、一九九七年三月、一四―二九頁。
Lash, Christopher, 1991, *The True and Only Heaven: Progress and Its Critics,* Norton.
Lash, Christopher, 1995, *The Revolt of the Elites: And the Betrayal of Democracy,* Norton.（森下伸也訳、一九九七、『エリートの反逆――現代民主主義の病い』、新曜社）
Lippman, Walter, 1922, *Public Opinion,* Free Press.（掛川トミ子訳、一九八七、『世論』、岩波文庫）
Lippman, Walter, 1925, *The Phantom Public,* Macmillan.
Rockfeller, Steven, 1998, "Dewey's Philosophy of Religeous Experience," in Larry Hickman, (ed.), *Reading Dewey: Interpretation for Postmodern Generation,* Indiana University Press, pp. 124–148.
Rorty, Richard, 1989, *Contingency, Irony and Solidarity,* Cambridge University Press.
Senett, Richard, 1976, *The Fall of Public Man,* Alfred A. Knoph.（北山克彦・高橋悟訳、一九九一、『公共性の喪失』、晶文社）
Ryan, Alan, 1995, *John Dewey: And High Tide of American Liberalism,* Norton.

Westbrook, Robert, 1991, *John Dewey and American Democracy*, Cornell University Press.

5 学びの共同体としての学校

――学校再生の哲学

1 もう一つの風景

学校の危機が声高に叫ばれ、矢継ぎ早にトップダウンの改革が断行される中で、教師以外の人々にはあまり知られていない一つの風景から書き起こそう。二〇一二年現在、「学びの共同体」づくりを標榜する学校改革に挑戦している学校は、小学校で約一五〇〇校、中学校で約二〇〇〇校、高校で約二〇〇校であり、公立学校の約一割に達している。

この風景は「公立学校の危機」「生徒の学力低下」「教師の指導力低下」を叫ぶマスメディアが描き出している公立学校の風景とは著しく異なっている。この風景は、マスメディアとは無縁のところで、公立学校の革命的変化が進行していることを示している。本章では、この「静かな革命・長い革命」を準備し組織している教育学者として、「学びの共同体」を掲げる学校再生の哲学を紹介したい。とは言え、「学びの共同体」づくりの学校改革においては、改革のヴィジョンと哲学が実践に先行してはいるものの、その理論的解明は実践の進行に立ち遅れている。

たとえば、なぜ、これほど多くの学校が「学びの共同体」を標榜する学校改革に積極的に参加しているのだろうか。

なぜ、「学びの共同体」を標榜する学校改革は、それほど多くの教師の挑戦を誘発しているのだろうか。なぜ、「学びの共同体」づくりを推進する学校改革は「奇跡」とも呼びうる成功を達成するのだろうか。改革のヴィジョンと哲学を提示し実践的方略を設計し、全国各地の学校を訪問して改革を推進してきた私自身でさえも、これら核心的な事柄に対して説得的な解答を持ち合わせていない。しかし、学校改革の模索と探究をとおして発見したこと、学んだこと、教訓としていることは数限りなくある。本章は、それらの教訓の断片を統合し、可能な限り実践の言語ではなく、理論の言語において、この改革の哲学を叙述したい。いわば改革を支える舞台裏の叙述である。ちなみに「学びの共同体」づくりの学校改革は、日本の教育では希有な事例であるが、哲学と思想と理論によって導かれた学校改革という特徴を有している。

2　学びの共同体

「学びの共同体」（learning community）としての学校像は、ジョン・デューイ（John Dewey）が一八九六年にシカゴ大学に附設した実験学校（laboratory school）に由来し、一九一〇年代以降の新教育運動において世界各国に普及[1]、戦後も一九七〇年代アメリカのオープン・スクールなどの革新主義（progressivism［進歩主義］）の教育改革に継承され、今日では二一世紀の学校のヴィジョンの一つとして語られている。

日本の教育研究と学校改革において「学びの共同体」の概念が登場するのは、一九九二年の拙著「対話的実践としての学び――学習共同体を求めて」（佐藤、一九九五）、および私が参加し協力した新潟県小千谷市小千谷小学校の改革事例（一九九五年から一九九九年）においてである。[2]小千谷小学校において挑戦された改革理念は、一九九六年に平澤憲一校長の転勤によって長岡市立南中学校へと波及し、一九九八年には両校への訪問を媒介として茅ヶ崎市教育委員会による「学びの共同体」パイロットスクールの建設へといたる。

「学びの共同体」づくりの学校改革が全国的に拡大する出発点となったのは、茅ヶ崎市教育委員会による「二一世紀のパイロットスクール・浜之郷小学校」の創設（一九九八年）である。同校の創設を中心的に準備したのは茅ヶ崎市教育委員会学校教育課指導課長、大瀬敏昭である。大瀬は私の提唱する「学びの共同体」のヴィジョンと哲学と方略を全面的に採用した「茅の教育プラン」（茅ヶ崎市学校改革一〇年計画）を作成して市議会で議決、市長、教育長、市議会の支援を受けて、「パイロットスクール・浜之郷小学校」を新設、初代校長として同校の挑戦を開始した。[3]

浜之郷小学校の創設は歴史的事件であった。これまで、公立学校が独自に改革理念を定め教育ヴィジョンを掲げて創設されたことがあっただろうか。浜之郷小学校において具体化された「学びの共同体」としての学校の理念と哲学は以下のとおりである。

①　**学びの共同体としての学校**　「学びの共同体」は、「二一世紀型の学校」のヴィジョンを示す概念であり、子どもたちが学び育ち合う場所、教師も専門家として学び育ち合う場所、保護者や市民も学校の教育活動に参加して学び育ち合う場所へと学校を再生するヴィジョンである。

このヴィジョンを達成するために、教室においては協同する学びの実現、職員室においては教師が授業実践に創意的に挑戦し批評し学び合う同僚性（collegiality）[4]の構築、保護者や市民が授業実践に参加して教師と協同する「学習参加」の取り組みを行う。

②　**公共性・民主主義・卓越性**　学びの共同体としての学校は、「公共性」（public philosophy）と「民主主義」（democracy）と「卓越性」（excellence）の三つの哲学的原理によって導かれる。

A　公共性――学校は公共的使命（public mission）とその責任によって組織された場所であり、教師はその公共的使命とその責任を担う専門家である。学校の公共的使命とそれを担う教師の責任は、子ども一人ひとりの学びの権利を実現し民主主義の社会を実現することにある。

学校の「公共性」の意味は、学校が公共空間（public space）として開かれていることにある。「公共性」は空間概念であり、学校と教室の空間が内にも外にも開かれ、多様な生き方や考え方が対話的コミュニケーションによって交流されていることにある。[5]

B　民主主義——学校教育の目的は民主主義社会の建設にあり、学校はそれ自体が民主的な社会組織でなければならない。「民主主義」はたんなる政治的手続きではない。ここで言う「民主主義」は、デューイの定義したように、「他者と共に生きる方法」（a way of associated living）を意味している。

民主主義の原理で組織された学校において、子ども、教師、保護者の一人ひとりは、それぞれ固有の役割と責任を負って学校運営に参加する主人公（protagonist）である。

C　卓越性——教える活動、学ぶ活動は、いずれも卓越性の追求を必要としている。ここで言う卓越性とは、他者と比べて優れているという意味の優秀さではない。自らのベストをつくして最高のものを追求するという意味の卓越性である。競争による卓越性の追求が優越感や劣等感をもたらすのに対して、自らのベストをつくして最高のものを追求する卓越性は、教える者にも学ぶ者にも慎み深さと謙虚さをもたらす。教える活動と学ぶ活動は、本質的に、この意味における卓越性の追求を含んで成立している。私は、この卓越性の追求を「背伸びとジャンプのある学び」として提起している。

③　**活動システム**　学びの共同体の方略は活動システムの構成である。私の提唱する「学びの共同体」は、他者の声を聴き合う関係を基盤として成立している。「他者の声を聴く」ことは学びの出発点である。学びはしばしば能動的な活動として語られがちだが、むしろ学びは「受動的能動性」を本質としている。古代ギリシャ語には受動態と能動態が一体となった「中動相」という動詞の態があったと言われるが、学びはまさに中道相における活動である。

教える活動も同様である。卓越した教師として知られるデボラ・マイヤー（Deborah Meier）は、その著書において「教える活動の大半は聴くことにある」と記している（Meier, 1996）。確かに、優れた教師は、教室において子ども一人ひとりの声にならない声を聴くことに精力を傾けている。

「聴く」ことのプライオリティは、学校を公共空間に構成する上でも重要である。デューイは『公衆とその問題』（*The Public and Its Problems: An Essay in Political Inquiry*）の最終部分で公共性を樹立する要件として聴覚の優位性にふれ、以下のように言及している。「聴覚（the ear）と生き生きとほとばしる思考や情動との結びつきは、視覚（The eye）とそれらとの結びつきよりも圧倒的に緊密であり多彩である。観ること（vision）は観察者（spectator）であり、聴くこと（hearing）は参加者（participant）である」（Dewey, 1927）。

この一節には「聴くこと」の受動性が「参加」をもたらす関係が端的に表現されている。デューイが指摘するように「観ること」によって人は、思弁（speculation）に浸ることはできるが、「聴くこと」によって人は、その場の当事者として「参加」を余儀なくされる。

聴き合う関係は共同体の構成においても決定的に重要である。聴き合う関係は対話の言語を生成し、対話的なコミュニケーションによる共同体の構成を準備するからである。

私の提唱する「学びの共同体」としての学校は、ひとまとまりの「活動システム」（activity system）によって組織されている。この「活動システム」は、その活動を遂行すれば、おのずから無意識に「公共哲学」と「民主主義」と「卓越性の追求」を体得し実践するように構成されている。いわば「学びの共同体」づくりのオペレーション・システムである。

教室における「活動システム」は、子どもたちの活動的で協同的で反省的な学びを組織するよう組織されている。すべての教室において「聴き合う関係」が組織され、小学三年以上の教室では、どの授業においても、①男女混合四人グループによる協同的な学びを組織すること、②教え合う関係ではなく学び合う関係を築くこと（わからなかったら、仲間に「ねえ、ここ、どうするの？」とたずねることを習慣化すること）、③ジャンプのある学びを組織すること、これら三つが求められる。

教師においては、授業を子どもの学びへの応答関係によって組織し、①「聴く」「つなぐ」「もどす」の三つの活動を貫くこと、②声のテンションを落とし話す言葉を精選すること、③即興的対応によって創造的な授業を追求することが求められる。

教室において子ども一人ひとりの学びの権利を実現する責任は、学級や教科の担任教師が一人で負うのではなく、その教室の子どもたち全員、学年ごとの教師集団、そして校長および保護者が共有するのである。

学校運営においては、月例の職員会議と週ごとの学年会議以外の会議は廃止し、授業の観察にもとづく事例研究会（校内研修）を学校経営の中心に位置づける。校内研修において、学校で共通の研究テーマを定めない。研究テーマは教師個々人が決定する。そして、①すべての教師が最低年一回は同僚に授業を公開し、校内研修あるいは学年研修において授業の事例研究を行う（これによって、毎年、校内で教師の人数以上の回数の事例研究会が実施されることとなる）。②授業の事例研究会においては、すべての教師が一言は発言することとする。③授業の事例研究会の主目的は、優れた授業の追求ではなく、一人残らず子どもの学びを成立させることと、その学びの質を高めることにおく。したがって、④事例研究会の研究内容は、教材や教師の指導法よりむしろ、教室で生起した子どもの学びの事実、学び合いの事実に焦点を当てる。

保護者との関係では、①学期に一回程度実施している「授業参観」を廃止し、保護者が教師と協同して授業づくりに参加する「学習参加」に転換し、保護者と教師が子どもを育てる責任を共有する活動を展開する。②「学習参加」においては、年間をとおして八割以上の保護者の参加を目標とする。③総合学習などにおいて、地域の市民が教師と協同して授業づくりに参加できる機会を設ける。

このような「学びの共同体」づくりの学校改革のヴィジョンと哲学と実践の原理と方略、およびそれらを具現化した活動システムは、三つの起源を持っている。その第一は、私自身の三二年間にわたる学校改革の挑戦における失敗と部分的な成功の経験である。大学に赴任して以来今日まで、私は、毎週二日、全国各地の学校を訪問し教室を観察して教師と協同して学校を内側から改革する挑戦を行ってきた。これまで訪問した学校は幼稚園、小学校、中学校、高等学校、養護学校は合わせて二五〇〇校近く、事例研究を行った授業は一万以上に達している。私の学校改革のアイデアや授業の見方のほとんどは、各地の学校の教室で子ども、教師、校長から学んだ事柄である。

第二は、国内外の学校改革と授業改革の事例である。日本においては大正自由教育と戦後民主教育において学校改革と授業改革の数多くの事例がある。さらに私は約二〇カ国の学校約三〇〇校を訪問し調査して、世界各国の学校改革と授業改革の先進的事例に学んできた。なかでもアメリカのデボラ・マイヤーによるニューヨークとボストンにおける学校改革の実践、イタリアのローリス・マラグッチ（Loris Malaguzzi）が指導したレッジョ・エミリア（Reggio Emelia）の幼児教育の実践に多く学んできた（Edwards, Gandini & Forman, 1998）[6]。

第三は、改革を支える理論である。一般に教育学者は教育学の理論によって学校と授業の改革を準備し指導しようと考えているが、教育学や教育関連の学問によって授業の改革や学校の改革を遂行するのは不可能である。教育学や教育関連の学問が教育の改善に多大な貢献をしていることは事実だが、学校改革や授業改革は社会改革の一部であり文化革命の一部である。人文社会科学のすべての領域の理論が求められている。もちろん、それらすべてを一人の研究者が包括するのは不可能である。学校改革や授業改革は、多様な学問領域にわたる理論の統合によって準備され遂行される。私個人においては人文社会科学の以下の理論が「学びの共同体」の学校改革の基礎を形成している。デューイ、ジェームズ、ポランニー、フーコー、ドゥルーズ、ショーン、ホロクィストの哲学、モースの文化人類学、マンフォードの文化批評、ヴィゴツキー、レヴィン、佐伯胖、津守真、ブルーナーの心理学、テイラー、ガットマン、藤田省三の政治哲学、バウマン、ベラ、パットナム、栗原彬、バーンスタインの社会哲学、谷川俊太郎の詩と哲学、三善晃の音楽と哲学、如月小春の演劇論、ノディングズの倫理学、稲垣忠彦、シュワブ、フレイレ、マラグッチ、ショーマン、アイズナー、エンゲストローム、ランパートの教育学、ローティ、ハーグリーブズ、ウィッティの教育社会学などである。

「学びの共同体」づくりの学校改革を推進している校長や教師は、その多くが各地のパイロットスクール（現在、約二〇〇校）を訪問し教室を観察したことを直接的な契機としている。彼らの多くは私の著書の読者であり、テレビや新聞や雑誌などで「学びの共同体」の学校改革の実例を知っているが、それだけで改革に着手しているわけではない。パイロットスクールの存在と実践の事実は他の何よりも強力である。毎月、茅ヶ崎市浜之郷小学校、富士市の岳陽中学校・元吉原中学校・田子浦中学校には数百人の教師が訪れ、毎年開かれる各地のパイロットスクールの公開研究日には数百人から一千人もの教師たちが訪問してきた。この十五年間に「学びの共同体」の全国各地のパイロットスクールを訪問した教師たちはのべ数十万人にのぼると推定される。

3　ヴィジョンの共有

しかし、パイロットスクールの事実の何が教師たちを改革の挑戦へと誘うのだろうか。パイロットスクールが達成している「奇跡」とも言える数々の成果だろうか。確かに、「学びの共同体」づくりを推進した学校は「奇跡」と呼べる成果を達成している。「浜之郷スタイル」（小学校）、「岳陽スタイル」（中学校）を導入し、「学びの共同体」づくりを推進した学校では、どんなに荒れた学校でも、約一年後には教師と生徒の間のトラブルや生徒間の暴力行為は皆無かもしくは皆無に近い状態になり、生徒たちが一人残らず積極的に学びに参加する状態へと変わっている。そして改革を始めて二年後には、不登校の生徒の数（年間三〇日以上の欠席者）は改革前の三割から一割程度（もともと少ない場合はゼロ）に激減する。学力の向上も同様である。「学びの共同体」づくりを推進した学校のほとんどにおいて、二年後には成績の低い生徒の学力が大幅に向上し、三年後には成績上位者の学力も向上して市内でトップもしくはトップクラスの学校へと再生する。これら一連の「奇跡」とも呼びうる改善が、いったいなぜ起こるのか。その秘密について、改革のヴィジョンと哲学と方略を設計しデザインした私自身も十分に認識しているわけではない。

おもしろいエピソードがある。富士市の岳陽中学校が「学びの共同体」づくりの改革の記録を本で公刊した直後、全国から数千人の教師が同校を訪問してきたが、改革の取り組みを学ぶことを目的として訪問した教師は少なかった。「この本に書いてあることが真実かどうか、この目で確かめたかった」というのがほとんどの教師の訪問の主目的であった。長年にわたって県下でも有数の困難校として知られていた中学校が、わずか数年間で生徒の問題行動をゼロにし、不登校の生徒の数を三六名から四名へと激減させ、市内で最低であった学力水準を市内でトップレベルに引き上げる改革が真実であると誰が信じるだろうか。本の内容が真実かどうかを確かめる目的で訪問者が殺到したとしても当然である。

しかし、より重要なことは、パイロットスクールにおける「奇跡」とも呼べる華々しい成果が「学びの共同体」づくりの学校改革の爆発的とも言える普及を生み出しているわけではないことである。パイロットスクールの訪問者たちが異口同音に語るのは、慎ましやかに学び合う子どもの姿と教師の姿の素晴らしさであり、パイロットスクールにおいて実現している学校改革のヴィジョンに対する希望である。

「学びの共同体」づくりを推進する学校の訪問者が最初に驚くのは、学校が静かであること、そして子どもも教師も自然体で言葉や振る舞いが柔らかく応答的な関わりが実現していることである。他者の声を聴き合う関係を基盤とする応答的なケアの関わりと協同的な学びの実践が学校生活全体を構成しているのである。日本の学校に特徴的な騒々しさやテンションの高い声や過度の緊張感やいつも何かに追われている焦燥感が「学びの共同体」のパイロットスクールにおいては消え失せている。もの静かであるからと言って、決して学びが不活発であるわけではない。逆である。子どもも教師も学びに対して驚くほど真摯であり、教室のどの子の発言やつぶやきにも耳を澄まし、他者の思考や感情の小さな差異に敏感である。人は学べば学ぶほど慎み深くなり、知性的になればなるほどもの静かになる。「学びの共同体」における公共空間は、他者の声を聴くリスニング・ペダゴジーが生み出す学びの空間であり、一人ひとりの思考と感情の小さな差異が響き合う、つぶやきの〈交響空間〉なのである。(7)

「学びの共同体」のパイロットスクールを訪問した教師たちに最も感銘を与えている事柄が、「奇跡」と呼べる学校改革の達成の成果というよりはむしろ、学校の静けさであり、自然体で柔らかな身体と声で交わされる対話的コミュニケーションであり、一人残らず授業に参加して学び合っている子どもの姿であり、一人残らず教室を開いて慎み深く同僚と共に子どもの学びの事実から学び合っている教師の姿である。そのような学校が創造されていること、改革の事実であることは何を意味しているのだろうか。教師たちが希求しているものは学校改革のヴィジョンであり、そのヴィジョンを実現する改革の希望である。一般に、学校改革においては、「人が足りない」「時間が足りない」「お金が足りない」「資源が足りない」と語られがちである。しかし、現在の学校改革において最も欠落しているものは、教師たちが希望を託せる改革のヴィジョンである。「学びの共同体」の学校改革は、希望のヴィジョンを実践の事実で示すことによって、教師たちと子どもたちと保護者たちの圧倒的支持を獲得したと言えよう。

4　改革のマクロポリティクス――学校の外側への対応

「学びの共同体」の学校改革の最初のパイロットスクールである浜之郷小学校の所在する茅ヶ崎市は、チャータースクール（公費によって設立された私立学校）運動の全国的拠点である藤沢市に隣接している。同校は、「二一世紀の学校理念・学びの共同体」のパイロットスクールであるだけでなく、公立学校を擁護しその可能性を開くパイロットスクールとしての役割も担うこととなった。「パイロットスクール」という呼称自体、ボストン市においてチャータースクールの普及に対抗して教員組合と教育委員会の要請によってデボラ・マイヤーを中心に建設された公立学校の改革の拠点校としての「パイロットスクール」のアイデアを踏襲して付けられた名称であった。その名のとおり、「学びの共同体」の学校改革は、学校を市場原理の競争によって統制し、公教育を私事化し民営化する新自由主義のイデオロギーと政策に対抗する改革として展開してきた。

実際、経済同友会が「二一世紀の学校像」として親の「自由な選択」によって学校の機能の三分の二を民間の教育産業と地域のボランティアによる教育へと移譲し、現在の三分の一に「公教育のスリム化」をはかる提言を行ったのが一九九五年、小渕首相の諮問機関である『「二一世紀日本」の構想』委員会の第五部会が学校教育の機能を「国家のための教育」と「個人のための教育」に二分し公教育を「国家のための教育」に限定する「公教育のスリム化」を提唱したのが一九九九年である。二〇〇一年以降は、小泉首相の設置した経済財政諮問会議が義務教育費国庫負担制度の廃止（公教育に対する国の責任の放棄）、学校選択制度の全国化、チャータースクールの導入、公立学校教師の人員と給与の大幅削減を提唱し続け、安部首相は教育基本法の改正を断行し「教育再生会議」によって首相が直接的に学校を統制する改革を始めている。

新自由主義のイデオロギーと政策は、マスメディアをとおして「学力低下」や「いじめ問題」等の事件を利用して「創作された危機」（manufactured crisis）(8) による大衆の集団ヒステリアを醸成し、学校批判と教師バッシングを繰り返してきた。教師たちはスケープゴートであった。しかも新自由主義による市場原理主義は、教育の公共性を解体し教師の仕事を「脱専門職化」する作用をはたしている。

新自由主義のイデオロギーと政策において最も深刻な問題の一つは、教師の仕事を責任からサービスへと転換したことである。新自由主義のイデオロギーと政策において、教師と親との関係はサービスの提供者とサービスの受け手の関係へと転じている。その結果、教師の仕事は終わりのない献身の仕事となって徒労感をつのらせ、その一方で、親は教師のサービスに対する不満をつのらせている。今や、教師が創造的に実践を推進するにあたって最も障碍となっているのは、親の教師に対する不信と不満と批判である。

しかし、教師と親との関係は、サービスの提供者とサービスの享受者との関係だろうか。そうではないだろう。教育はサービスではなく、子どもに対する大人の責任である。教師と親との関係は子どもの教育に対する責任の関係によって結ばれなければならない。子どもの教育を中心において教師と親とが責任を共有することなしには、教師と親との間の信頼と連帯は形成しようがないのである。

教育が責任からサービスへと転換することによって教師の尊厳と教職の専門性は危機を迎えている。教師の仕事は「誰にでもつとまる仕事」(easy work)と見なされ、教師に対する信頼も尊敬も崩壊しつつある。深刻なのは、教師の尊厳が傷つけられていることである。「学力低下」や「いじめ」の過剰な危機の報道によって、あるいはほんの一部の教師の非常識な言動がワイドショーによって大々的に報じられることによって、教師たちは「挨拶の仕方」を訓練するためにデパートへと研修に行かされ、「授業技術の向上」のために予備校や塾へと研修に行かされている。

新自由主義のイデオロギーと政策は、教師の「責任」の概念も「応答責任」(responsibility)から「説明責任」(accountability)へと転換していった。「アカウンタビリティ」は、もともと納税した金額に見合ったサービスを要請する概念である。文字どおり「勘定に合っている」ことを要請する概念である。この「アカウンタビリティ」と競争原理による統制は、学校の行政と経営に「数値目標による経営と評価」を蔓延させる結果を導いている。「数値目標による経営と評価」は、評価を受ける組織が壊滅状態にあるときは有効に機能するが、評価を受ける組織が健全に機能している場合はその組織を劣化させる機能をもたらす。また、「数値目標による経営と評価」は、評価を受ける組織の目標が単一であり単純である場合には積極的な効果をもたらすが、評価を受ける組織の目標が多元的で複雑な場合は否定的な効果しかもたらさない。しかし、教育の責任が「応答責任」から「説明責任」へと転じることによって、ほとんどの都道府県教育委員会と市町村の教育委員会は「数値目標による評価」をすべての学校に導入してきた。その結果、教師の仕事は「学力向上」や「いじめ」や「不登校」の解決、「進学実績の向上」という単純で目に見えるものに限定され、しかも、その達成の証明と評価の資料作成に多大な労力を注ぐ状況へと陥っている。

こうして、今日の教師は、一方で親や納税者に対する「サービス」とその「サービス」の「説明責任」に追い立てられ、もう一方では地方教育委員会の要求する「数値目標」とその官僚的評価にいっそう組み込まれ、この二つの要請によって引き裂かれた状態に追い込まれている。この二つの評価主体の関係において欠落しているのは、一人ひとりの子どもに対する「応答責任」であり、教師に対する専門家（professional）としての評価である。

5　改革のマイクロポリティクス——学校の内側の壁を越える

学校の内側に目を転じてみよう。学校改革の過程は内と外の弁証法によって認識することができる。学校は内側からしか変われないし、学校改革は外からの支援がなければ持続しない。この事実から見ると、今日の過剰とも思われる学校改革の政策において内と外の弁証法は明らかに逆転している。政策決定者たちは、「教師の意識改革」と称して、外から強引に学校を変革しようとしているし、逆に、学校が内側から変える動きを示しても外から支援しようとはしない。学校現場が混乱し疲弊したとしても当然である。

一般に、人びとは学校の改革を安易に考え過ぎている。学校は頑固で頑迷な組織である。決して容易に改革しうるものではない。たとえば、どの都道府県や市町村においても学校の改革を促進し支援するために「研究指定校制度」を設け、膨大な数の学校が指定研究校として多大な労力を注いでいるが、「研究指定」を受けた二年ないし三年を終えて「研究発表」を終えて以降、その研究を持続している学校が存在しているだろうか。どの学校も「研究指定校」の期間を終えると、すべての研究活動を終え、一〇年後に「研究指定校」に任命されるまで何もしようとはしない。多大な労力を注いで作成された「研究冊子」を読もうとする者も誰もいない。この例にも見られるように、学校改革は容易な事業ではないし、学校改革を行うことが決して教育の質を改善し教師のモラールを高めるものでもない。むしろ逆の結果をもたらすことが多いのが現実である。

私自身、三二年間にわたって二五〇〇校以上の学校の改革に協力してきたが、率直に言って、最初の一〇年以上は失敗続きであった。もちろん、そのときどきの改革において部分的な改善は実現したし、一つひとつの取り組みはそれ相応の成果をあげてきた。しかし、それらの改革は一時的であり、しかも局所的でしかなかった。

学校改革は、数年の単位で遂行するような安易な事業ではなく、また部分的な改革によって達成される事業でもないし、一部の人々によって達成されるような事業でもない。学校改革は、少なくとも一〇年単位で緩やかに遂行される〈長い革命〉であり、部分的改革ではなく全体的構造的改革でなければならない。短期間の急激な改革や部分的局所的な改革は、その副作用や反作用によって否定的効果をもたらす危険の方が大きい。

学校を内側から改革するにあたって最も重要なことは、学校の内側のマイクロポリティクスを構造的に認識することである。たとえば、小学校において学校の内側からの改革を阻んでいる最大の壁は教室の壁である。スタンフォード大学の教育史研究者であるデイヴィッド・タイヤックはアメリカの小学校を「ペダゴジカル・ハーレム」(pedagogical harem)と呼んでいる。男性の教師が校長をつとめ、各教室が密室になっていて、その密室に女性教師が住まい、それぞれの女性教師の仲が悪く、校長としか関係を結んでいないからである（Tyack, 1974; Spring, 2001, p. 152）。この卓越した比喩は、小学校を改革する際に教室の壁を開き、教師間に「同僚性」を築くことなしに学校の内側からの改革は実現しないことを示している。

また、学校文化の研究を行ってきたイギリスの教育社会学者（現在はアメリカのボストン・カレッジ教授）であるアンディ・ハーグリーブズは、中等学校の内側の構造を「バルカン諸国化」（バルカナイゼーション Balkanisation）と表現している（Hargreaves, 1994）。この比喩も卓越している。中学校、高校の学校内部は教科単位で組織され、それぞれの教科単位の教師たちがそれぞれ独立国を形成し、それぞれ独自のルールで経営していて、どんなに指導力のある校長がリーダーシップを発揮して改革しようとしても学校内部はびくともしないというのが現実である。ここでは教科の壁、校務分掌の壁、部活の壁が学校の改革を内側から阻む権力構造を形成している。

したがって、小学校の改革においては教室の壁を開き、子どもの学びの実現を中心に同僚性を築くこと、中学校と高校の改革においては教科の壁を開き、生徒の学びの実現を中心に同僚性を築くことなしに、学校を内側から改革することは不可能である。

学校におけるコミュニケーションの特徴についても、よりリアルに認識する必要がある。学校ほど対話の重要性が叫ばれる場所はないにもかかわらず、学校ほどモノローグが支配している場所も少ない。校長の言葉はほとんどモノローグである。職員室における教師の言葉もほとんどがモノローグである。教室における教師の言葉もほとんどがモノローグである。教室における子どもの言葉もほとんどがモノローグである。このモノローグを対話の言葉に変えることなしに、対話的なコミュニケーションを実現することはできないし、学校を共同体へと再構築することはできない。

さらに、学校ほど民主主義の重要性が叫ばれる場所はないにもかかわらず、学校ほど民主主義が軽んじられ、非民主的な関係が支配している場所も少ない。たとえば、職員室で生徒のことが話題になることは多いが、通常の中学校の職員室で話題になる生徒の数は生徒の総数の二割程度である。問題行動を頻繁に起こす生徒、特別成績の悪い生徒、特別成績の良い生徒、部活等で特別優秀な生徒以外の生徒で、職員室で話題になる生徒は稀である。親の収めている税金の一〇倍以上のサービスを受けている生徒がいる一方で、親の収めている税金の一〇分の一のサービスも受けていない生徒が多数存在している。このような不公平で非民主的な学校を改革するためには、学校の構成員一人ひとりが主人公として対等に参加し交流する組織へと学校内のコミュニケーションの構造それ自体を変革しなければならない。

校長の指導性についても根本的な検討が必要である。学校の公共的使命と責任は一人ひとりの子どもの学びの権利の実現にある。その責任の中心は校長にある。一人残らず子どもの学びの権利を実現することは校長の責任の中核と言ってよいだろう。しかし、この責任を自覚している校長は驚くほど少ない。この責任を自覚した校長であれば、校長室での雑務や校外の会議で忙殺されることはないだろう。職務の大半を教室の観察と教師の支援と研修の活性化に充てるはずである。

研究熱心な学校がよい学校であるわけではない。むしろ研究熱心な学校ほど、一人ひとりの子どもの学びの権利の実現よりも、学校の研究成果や教師の授業技術に関心が集中し、一部の教師とそれに同調する一部の子どもだけが活躍する学校になっている場合が多い。しかも、それらの学校では、教師の労働時間は無視され、教師たちは学校の内の世界だけを生きる偏狭な生活を送っている。このような学校が多いのは、授業の改革が安直に考えられているからである。教師の仕事は高度の教養を基礎として成り立つ知性的な仕事であり、豊かな市民的教養と高度の専門的知識と実践的な見識を必要とされる複雑な仕事である。

「学びの共同体」の学校改革において、すべての子どもの学びの権利を実現し、すべての子どもに「背伸びとジャンプのある学び」を保障することは、教師の授業技術の改善によって達成できるとは想定していない。教師と子どもとが協同で挑戦しない限り、一人残らず子どもの学びの権利を実現し「背伸びとジャンプのある学び」を実現することは不可能である。さらに、どの学校でも年間三回程度の研究授業によって授業の改革を追求しているが、私の協力している「学びの共同体」の学校改革においては、一時間の授業の観察と二時間の事例研究を、校内の教師の間で少なくとも百回程度行わなければ、授業の改革も学びの改革も十全に達成できない、と考えられている。それほど、学校の改革は難事業であり、授業の改革は複雑で高度な事業なのである。

6 再定義——省察と熟考

「学びの共同体」の学校改革が、これほど多くの学校の挑戦を導き、「奇跡」とも呼べる成果をあげている背景には、教師たちによる教育諸概念の再定義がある。私は、学校改革の基礎として、次の三つの概念の再定義を提唱してきた。その一つは「学び」の再定義である。「学びの共同体」における「学び」は、対象世界との対話、他者との対話、自己との対話という三つの対話的実践として再定義されている。学びは認知的（文化的）、対人的（社会的）、実存的（倫理的）実践なのである。

「学びの共同体」の学校改革においては「教師」も再定義されている。これまで教師は「教える専門家」として定義されてきたが、「学びの共同体」における教師は「教える専門家」であると同時に「学びの専門家」として再定義されている。さらにこれまでの教師の専門的能力は科学的知識や技術を実践に具体化する「科学的技術の合理的適用」の原理によって定義されてきたが、「学びの共同体」における教師の専門的能力は自らの実践の事実と同僚の実践の事実を省察し学び合う「反省的実践家」（reflective practitioner）（ドナルド・ショーン）として再定義されている（Schön, 1983）。

学校改革の「公共性」についても、あるいは参加民主主義よりもむしろ審議民主主義（deliberative democracy）において定義される民主主義の概念も、「学びの共同体」の学校改革の探究の過程で深化しつつある。

カリキュラムの改革も同様である。「学びの共同体」の学校改革を推進する学校においては、学校カリキュラムを「言語の教育」「探究の教育」「アートの教育」「市民性の教育」の四つの基本領域でデザインし実践する方向を模索しており、これらの実践が近い将来、新たなカリキュラムの構造を開発することが期待される。

しかし、全国で数千校という規模で展開されている「学びの共同体」の学校改革は、その改革が進展すればするほど、日本の教育現実の厳しさと直面していることも事実である。校長の見識とリーダーシップをどう形成するか、教育政策における「脱専門職化」にどう対抗するか、急速に深刻化する子どもの危機の激化にどう対応するか、教育行政の官僚的統制にどう対抗するか、個別の学校単位で推進されている学校改革をマクロな教育政策の転換へどうつなげるか、学校の改革を内側から支える教育研究者をどう育成するか。これらの課題に、今なお、この改革運動は明確な解決の方途を見いだしてはいない。それらの課題については、別の機会に本格的に論じたい。

注

（1）「学びの共同体」の歴史は、古代ギリシャのアカデメイア、中世の修道院と大学にまで遡ることができるだろう。学問（discipline）は、もともと学習者（disciple）の共同体を意味する概念であった（佐藤、一九九八、参照）。

（2）小千谷小学校における「学びの共同体」づくりの改革の歴史的背景とその哲学的意味については、佐藤（二〇〇〇a）＝本書第一章を参照されたい。

（3）浜之郷小学校の創設の経緯とその初期の改革については、大瀬・佐藤編（二〇〇〇、二〇〇三）を参照されたい。

(4)「同僚性」(collegiality) の概念を提示したのは、ジュディス・リトル (Judith Warren Little) である。彼女は学校改革において成功要因とされる多数の要素の機能を調査研究し、教師の同僚間の専門家としての連帯が、学校改革において決定的役割を果たすことを示した (Little 1990; Little & McLaughlin 1993)。教師の専門家としての連帯を学校改革においてプライオリティ(優先権)をおくリトルの提言は卓見であり、筆者は「同僚性」という訳語をあてて紹介してきた。「同僚性」は、今や日本の教師の共通用語として定着している。

(5) 本章で提示する「公共性」の概念とその政治哲学については、佐藤(二〇〇〇c=本書第四章)を参照されたい。

(6) デボラ・マイヤーがニューヨーク市のセントラル・パーク・イースト中等学校で校長をつとめた改革事例、およびボストン市で公立学校の擁護のために校長をつとめたミッションヒルスクールの改革事例については、Meier (1996) および佐藤(二〇〇三)を参照されたい。

(7) 真木悠介は同質集団が凝縮した「サンゴのような共同体」ではなく異質な人々が繋がりあう「オーケストラのような共同体」という卓越した比喩で「共同体」のあり方を提示している。学びが個人と個人の差異において成立するとすれば、「学びの共同体」は真木の言う「オーケストラのような共同体」として成立しなければならない(真木、二〇〇三)。

(8) アリゾナ大学の教育学者デイヴィッド・バーリナー (David C. Berliner) は、アメリカの新聞報道において過剰に語られる「教育危機」がメディアによって「創作された危機」であることに警鐘を鳴らしている (Berliner, 1997)。同様の事態は日本のメディアにおいて、いっそう過激に起こっている。

参考文献

大瀬敏昭・佐藤学編、二〇〇〇、『学校を創る――茅ヶ崎市浜之郷小学校の誕生と実践』、小学館。

大瀬敏昭・佐藤学編、二〇〇三、『学校を変える――浜之郷小学校の5年間』、小学館。

佐藤学、一九九五、「対話的実践としての学び――学習共同体を求めて」、佐伯胖・藤田英典・佐藤学編『学びへの誘い』、東京大学出版会。

佐藤学、一九九八、「序論――学びの快楽へ」『学びの快楽――ダイアローグへ』、世織書房。

佐藤学、二〇〇〇a、「学校という装置――「学級王国」の成立と崩壊」、栗原彬・小森陽一・佐藤学・吉見俊哉『装置――壊し築く』（越境する知4）、東京大学出版会（＝本書第二章）。

佐藤学、二〇〇〇b、『授業を変える 学校が変わる――総合学習からカリキュラムの創造へ』、小学館。

佐藤学、二〇〇〇c、「公共圏の政治学――両大戦間のデューイ」『思想』（岩波書店）九〇七号、一八―四〇頁（＝本書第四章）。

佐藤学、二〇〇三、「ボストンの小さな学校の大きな挑戦」『教師たちの挑戦――授業を創る 学びが変わる』、小学館。

佐藤学、二〇〇六、『学校の挑戦――学びの共同体を創る』、小学館。

真木悠介、二〇〇三、『気流の鳴る音』、筑摩書房。

Berliner, David C., 1997, "If It Bleeds It Leads: The Natural Alliance between School Critics and the Media" [Paper presented at the meetings of the American Educational Research Association, Chicago, Illinois, 1997].

Dewey, John, 1927, *The Public and Its Problems: An Essay in Political Inquiry,* Denver: Alan Swallow.

Edwards, Carolyn, Gandini, Lella & Forman, George (eds.), 1998, *The Hundred Languages of Children: The Reggio Emilia Approach Advanced Reflections,* 2nd ed., Ablex Publishing Corporation.（佐藤学・森眞理・塚田美紀訳、二〇〇一、『子どもたちの一〇〇の言葉――レッジョ・エミリアの幼児教育』、世織書房）

Hargreaves, Andy, 1994, *Changing Teachers, Changing Times: Teachers' Work and Culture in the Postmodern Age,* Teachers College Press.

Little, Judith W., 1990, "Teachers as Colleagues," in Lieberman, A. (ed.), *Building a Professional Culture in Schools,* Teachers College Press, pp. 165-193.

Little, Judith W. & McLaughlin, M. W., 1993, "Perspectives on Cultures and Contexts of Teaching," in Little, J. W. & McLaughlin, M. W. (eds.), *Teachers' Work: Individuals, Colleagues and Contexts,* Teachers College Press, pp. 1-8.

Meier, Deborah, 1996, *The Power of Their Ideas: Lessons for America from a Small School in Harlem,* Beacon Press.（デボラ・マイヤー著・北田佳子訳、二〇一一、『学校を変える力』、岩波書店）。

Schön, Donald, 1983, *The Reflective Practitioner: How Professionals Think in Action*, Basic Books.（佐藤学・秋田喜代美訳、二〇〇一、『専門家の知恵——反省的実践家は行為しながら考える』、ゆみる出版）

Spring, Joel, 2001, *The American School: 1642-2000*, 5th ed., McGraw-Hill.

Tyack, David, 1974, *The One Best System: A History of American Urban Education*, Harvard University Press.

II

哲学的断章

1　越境する知の断章

1　身体

幼稚園や養護学校に行くと、幼児や障害児が初めて出会う大人を実に的確に識別し判断していることに驚く。彼らは、人のたたずまいや息づかいを一瞬のうちに感受し、その大人が自分を守り願いを聴きとってくれる存在なのか、それとも自分と敵対し願いをふみにじる存在なのかを見ぬいてしまう。その識別や判断は、もちろん言語化された認識によるものではない。相手の息づかいとたたずまいの中にすべてを読み取っているのである。その卓越した能力はむしろ彼らの未発達な状態の所産であることが重要である。幼児や障害児の身体は、それぞれ独自の存在空間を生きている。身体空間として意識される彼らの存在空間に侵入する大人は、彼らの身体への侵入者に他ならない。その違和感あるいは安堵感が、彼らが大人を識別する根拠となっているのだろう。しかし、自他を言語によって分節化し、自らの身体をも意味空間において意識する大人はそうはいかない。身体が認識する能力は身体の認識を認識する能力と入れ子構造をつくりだしているのである。

身体の想像力の生成と交流を示す端的な事例がある。ある幼稚園の昼食の風景である。言葉を話せないダウン症の男の子が、弁当箱の包みを開いたときに箸を床に落としてしまった。その箸を拾おうと傍らにいた教師は一歩足を踏み出したが、息をのんですぐにとどまった。男の子が箸を拾おうと身を傾け、その前に座っていた女の子も身をかがめて目の前の箸に手を伸ばしたからである。真っ先に箸を拾ったのは女の子だった。女の子が箸を拾って男の子の弁当の上に置くと、男の子は傾けていた身を椅子から落として床の上をぐるりぐるりと二回転し、箸を拾ってくれた女の子ににっこりと微笑んだ。この精一杯の「ありがとう」のメッセージに、女の子も満面の笑みで応えている。

この無言の出来事の中には、応答し合う身体の絶妙なコンビネーションがある。一歩踏み出しながら踏みとどまった教師の身体。その理由を問うと、「何かが起こる」気配を感じとったからだと言う。その隙間で二つの身体が交差した。一つは、男の子のために箸を拾った女の子の身体、そして、もう一つは、拾ってくれた女の子に満身の謝意を表現した男の子の身体。このように、身体の応答性と共振性は、人が人と関わり〈社会〉を構成する原型を創り出している。「はじめに言葉（ロゴス）ありき」ではないだろう。「はじめに身体ありき」なのである。

もっと幼い身体は、知と呼ばれる営みの発生をより明瞭に表現している。幼児Aが幼児Bとボールを転がしてやりとりしては笑い合っている。ボールによって交換されているのは、身体の快楽として享受されている好意の交換である。しかも、メルロ＝ポンティ（一九六六）が指摘したように、幼児は一人遊び（「前交通」の段階）のときには「転がす」といった動詞一語で自らの行為を表現し、次に他者の行為の観察によって「誰々が転がす」という主格を伴う語りを生成し、さらに他者との「交通」を経て中立的な身体を分節化して「裕子が転がす」というように自らの名前を冠した表現へと移行し、さらには、その「裕子」を抽象化して「私」という主格を伴う語りを発達させる。このように、幼児Aと幼児Bとのボールのやりとりは、身体的遊びである以上に知的遊びである。発達心理学者のブルーナーは、幼児Aと幼児Bとのボール遊びのような「やりとり」の身体の経験を経て、幼児は「○○が△△に××を□□する」という語りの構造を獲得すると言う（Bruner, 1969）。知は言語において分節化され構造化される前に、身体において分節化され構造化されている。身体の知は知の身体に先行している。

幼児の発達において認められる身体の知の先行性と優位性は、大人においても同様である。世界は身体とモノとの間（in-between）にあるのであり、社会は私の身体と他者の身体の間にある。身体が流動すると世界も流動する。触れると世界は変わり、歩けば風景は変わる。身体が応答し共振し合うとき、社会は変わるのである。

作曲家の三善晃は、あるエッセイの中で、腱鞘炎の指でピアノを弾く自らの行為を「骨の記憶」という言葉で表現している。腱鞘炎の指でピアノを演奏すると、幼い頃から何度もくり返して弾いた指の記憶が「骨の記憶」として再現すると言うのである。「骨の記憶」という比喩は衝撃的である。「骨の記憶」は、三善個人の根幹をなす幼少期からの身体の記憶を意味しているだけでなく、「骨」として具象化された無数の死者たちの記憶をも喚び起こすからである。「骨の記憶」という直截的な表現には、あらゆる形而上学を拒絶し、言語による粉飾を拒絶する強靱な意志が込められている。

「骨の記憶」という言葉によって、三善は、音楽の作曲と演奏という芸術的な表現行為がどこに成立しているのかを表現している。「骨の記憶」が私たちの集合的な無意識へと連なり、死者たちの声として具象化されるとすれば、「骨の記憶」がもう一方で喚起するものは「祈り」であろう。身体による表現という行為が、個人の来歴に起源をもつ「自己表現」という様式よりもより自立的な何かであるとするならば、その何かは「骨の記憶」と「祈り」という狭間を逡巡する表現者としての個の身体の軌跡としか言いようがないではないか。そう三善は語っているように思われる。

「骨の記憶」は何も音楽表現の話だけではないだろう。表現者の身体は、三善が「骨の記憶」と名づけた深い沈黙を抱え込んだ身体である。たとえば、あらゆる歴史は身体の記憶であり、身体の記憶に媒介された死者の語りである。

「骨の記憶」という言葉の文字通り、原始時代の人間の遺骨には樹木のような年輪が刻まれている。生産性の低い原始社会を生きた人骨は、樹木と同様、春夏秋冬の季節を年輪として刻印していた。その痕跡は、現代人の身体においても飢餓に対応するホメオスタシスとして刻み込まれている。

戦争、内乱、恐慌、革命の歴史も、「骨の記憶」として身体の深部に刻み込まれている。その無意識の集合的記憶は、一人ひとりの身体の深部で煩悶し逡巡し、大地に覆われたマグマのように地表の割れ目から噴出しては個の身体を衝き動かしている。戦地に残された錆付いた銃から、戦死した少女の投げ出された足の残像から、爆撃された廃墟の壁の弾痕から、石畳に刻まれた死者の影から、身体化された歴史は、死者の声を「霊（モノ）の語り」として現出せしめる。そして死者の語りが生者の声として現出するとき、私たちの身体は表現者としての声を獲得し、「骨の記憶」は祈りの言葉へと結晶するのだろう。

学校の身体が反乱している。学校は「身体なき言葉」と「言葉なき身体」がせめぎあう場所である。中学生たちが「キレる」という。「キレる」中学生の身体から言葉を紡ぎだすことは不可能である。「キレた」中学生の身体と対峙した教師は、その身体を背後から抱え込んで鎮静するのを待つしかない。「身体なき言葉」のすべてを打ち砕いて荒ぶる身体。その荒ぶる身体を祈るように抱きとめる教師は、あらゆる言葉を断念している。「身体なき言葉」で組織された学校空間における「言葉なき身体」の必死の交流。やがて何十分かのときがたち、あるいは数時間のときがたつと、抱きすくめられた身体は次第に柔らかさをとりもどしてゆく。

中学生の背後に立って、「しっかり抱きとめるから、そのまま後に倒れてごらん」と要求する。しかし、倒れようとしても、ほんのわずか後に傾斜しただけで、不安と恐怖で足が後ずさりしてしまう。「決して怪我はさせない」「信頼してよい」と何度声をかけても、そして中学生自身、受けとめてくれるに違いないとわかってはいても、わずかでも後に傾斜すると無意識に後ずさりして身を防御してしまう。この中学生の身体は、誰にも安心して身をゆだねた経験がないことを示している。あるいは無防備に身をゆだねて裏切られ癒すことのできない深い傷を負っていることを証明している。他者に受け入れられる身体を経験していない以上、他者を受け入れる身体になれないのは当然と言えよう。しかし、そういう中学生の身体も何度も何度も根気よく試行するうちに、足が無意識に後ずさりする直前に身体を他者にあずけて抱きとめられることができるようになる。身を他者にゆだねるという経験、すなわち他者を信頼するという経験である。

一度、身体を後に倒し私に身をゆだねる経験をもてた生徒には、担任の教師を後に立たせて同じことを経験してもらう。なかには、教師を受けとめ役にするとできない生徒もいる。そういう生徒には、役割を交替させて、教師が後方に倒れて生徒が受けとめることを体験させる。そして、生徒同士の中でも二人ペアになって同じ体験を交し合う。いじめや暴力が激しく、学級が崩壊したような厳しい状況のときは、この体験に加えて、もっと危険が伴うが、教卓の上に生徒を立たせ、他の生徒たちをその前に集めて、教卓から水平に飛び、その飛び出した身体を生徒たち全員で受けとめることも体験させる。危険を承知の上で、中学校を訪問したおりに何度もこのような身体の実験を試みてきた。

人が人と交わることは危険な行為である。交わりの基盤には他者を信頼して身体をさらし預けるという危険な関わりがある。荒ぶる身体は、この危険な賭けの中で幾度となく傷ついたトラウマを刻み込んだ身体である。身を犀《さい》のような硬い皮で包んでトラウマを防御している身体。その荒ぶる身体から交わる身体への置換は、身体の体験によって厚い防御壁を内破する方略を必要としている。「言葉なき身体」と「身体なき言葉」で構成された学校空間を内破する実践は、この危険な賭けを身をもって挑戦し合う政治的実践なのである。

2 装置

赤城山のふもと、群馬県勢多郡大胡町の一角に赤城少年院がある。映画『サード』の舞台として知られる少年院である。毎年、警察に補導される刑法犯少年の数は約一五万人、そのうち約五〇〇〇人が家庭裁判所から少年院に送致されている。赤城少年院はその一つ、凶悪犯と粗暴犯の少年が多く、入院者の八割近くは中学三年生であり、約九〇名が義務教育と矯正教育を受けている。

赤城少年院を訪問してまず驚かされることは、施設と地域を隔てる塀がまったくないことである。地域との境界は生垣で明瞭なのだが、通常の少年院や少年刑務所や刑務所に見られる高い塀は存在しない。それだけではない。この少年院の教室と寮室には鉄格子もなければ鍵もない。さらに驚かされることだが、この鍵も塀もない少年院で、過去一五年間に脱走した者は一人もいない。

院内の生活は平穏であり厳格である。朝六時四五分に起床してから夜九時に就寝するまで、「朝食・休憩」と「昼食・休憩」と「夕食・休憩」のそれぞれ一時間を除けば、一時間ごとに「教科指導」を中心として「職業補習」「情操講座」「進路指導」「進路別学習」「問題群別講座」「生活目標講座」「人間関係学習」「役割集会」「自主計画活動」「個別面接」「日記指導」などの指導課程がすきまなく組織されている。そして「自主性」と「責任」にもとづく規律ある集団生活が院内の生活のすべてを貫いている。教室を参観すると、どの中学校の教室よりも真摯に学ぶ生徒の姿を確認することができる。生徒の更生と自立への意志は強く、「進路指導」によって毎年のべ三六四人が「危険物取扱者」「ワープロ検定」「ガス溶接技能講習」「パソコン検定」などの職業資格を取得している。その矯正と更生を支えているのが、毎日の「内省」と「日記」による自己の省察であり、毎週定期的に実施される「内観」である。規律ある集団生活と教官との個別面談と自己修養によって矯正と更生の指導が効果的に組織されているのである。

はたして、ここは少年院なのだろうか。理想の学校と言ってもいいのではないだろうか。訪問者の多くが抱く疑問は、ことの本質をついている。「静思寮」と名づけられた寮を除けば、施設の配置は通常の学校と変わるところはなく、通常の刑務所を特徴づける「一望監視システム」（パノプティコン）の性格は薄い。

しかし、身体に対する政治技術を権力として認識するならば、これほど見事な権力装置は他に見ることはできない。塀も鉄格子も鍵もないこの少年院は、その輝かしい実績から知られるように、もっとも精緻に組み立てられた矯正と教育の装置である。同少年院は、パノプティコン（ベンサム）以上の権力装置であり、「超監獄」とも呼びうる装置と言ってよいだろう。

「一望監視システム」の監獄にフーコーが近代社会の「規律＝訓練」（ディシプリン）の権力装置を読み解いたように、我々は、塀も鉄格子も鍵もないこの少年院の中に現代社会の権力装置を読み解くことが可能だろう。そもそもフーコーの言う権力が作動する場は、ディスクールとして表現される言語と、それによって構成される主体の内面に限定されてはいなかった。権力の装置は空間の機能であり、ディスクールによって主体の内面を構成しつつ、非言語的な場所の組織と密接不離に作動している。さらにフーコー自身も自覚しドゥルーズが的確に指摘したように、「規律・訓練的な社会」は近代の産物であり、現代の社会はより巧妙な統制による権力装置として機能している。ドゥルーズは新しい社会を「コントロール的社会」と名づけて、次のように言う。

「例えば高速道路を用いて人は幽閉を行おうとはしませんが、それを作ることで実は次々とコントロールの手段を増やしてもいるのです。それが高速道路の唯一の目的だなどと言うつもりはありません。しかし、際限なく、しかも『自由に』、全く幽閉されることなく延々とまわり続け、それでいながら完璧に管理されているということも起こりうるのです。そしてそれこそが未来の我々の姿なのです。」（ドゥルーズ、一九九九）

もうお気づきだろう。赤城少年院は、現代的な（しかも未来を先取りした）権力装置であり、今日から未来に続く監獄、学校、病院、会社、家庭のプロトタイプ（雛型）である。そこから次のような深刻な問いが生まれる。「自由」と「自主性」による「管理」と「統制」の装置に対して、いったい、どのような闘いが可能なのだろうか。見えない檻から脱出する方法がないとすれば、見えない檻を見える檻へと可視化する方法はあるのだろうか。そして逃走が闘争に結びつかないとすれば、この権力装置を内破する方途をどこに見出せばいいのだろうか。

「厳密性（rigor）か現実的な意味（relevance）か？」新しい専門家像として「反省的実践家（reflective practitioner）」の概念を提起したドナルド・ショーンは、今日の専門家が直面するディレンマの一端をこう表現した。近代の専門家が「科学的技術の合理的適用（technical rationality）」を実践の原理としているとすれば、今日の専門家はクライアントと共に複雑な状況に参入し、「状況との対話」によって展開される「行為の中の省察（reflection in action）」を実践的認識論として仕事を遂行していると言う。専門家とクライアントは、専門的知識の有効性を保持したままで、どのようにして権威的・権力的な関係から協力的・共闘的な関係へと移行することができるのだろうか（Schön, 1983）。

専門家とは、語源的に言えば「神の宣託を受けた者（profession）」である。その語義どおり、最初の専門家は牧師であり、次に大学教授であり、医師であり、弁護士であり、続いて教師、建築士、臨床心理のカウンセラー、社会福祉の福祉士が続く。少なくとも「神の宣託」という語感が保持されている間、専門家は、畏れや祈りの感情を自らの使命感《ミッション》の中に抱え込んでいた。たとえば、中世ヨーロッパにおいて医療は修道院を中心に行われ、治療は「手当て（handing on）」による痛みの共有であり、死を迎える者への祈りであり、病院（hospital）と呼ばれる施設は文字通り「もてなし（hospitality）」の場であった。学校も同様である。修道院を舞台とする学校では、聖書の暗誦が何度も繰り返され、労働の場においても修道士たちは聖書の言葉をグレゴリオ聖歌のように絶えず唱和していた。教師は「神の声」に少しでも近づくことを追求し、弟子は「神の声」を身体化することを追求した。「神の声」を響きわたらせる「つぶやきの共同体」(イリッチ)が、学校の師弟関係を構成していたのである。

近代において専門家の仕事は、「神の宣託」に替わって「科学的な知識と技術」を中心に再編制される。呪術は科学となり、病室と教室は手術室と実験室になった。そして専門家はスペシャリストになり、クライアントは処遇と操作の対象となる。この専門家の仕事と関係の構造的な転換は、科学的な知識と技術の編制によって遂行された。基礎科学—応用科学(技術)—臨床的実践(実習)の階層化が進行し、研究と治療と看護の分化と序列化が進行した。厳密性と実証性が専門家の知識と技術の権威化の牽引力となり、専門家のサービスは国益への貢献度と市場における価値によって統制されるものとなる。知の権威的な編制によって専門家は一つの権力装置を構成している。

この装置をどう壊しどう築き直すのか。その一つの回路は「声」の復権であろう。「制度論的精神療法」を実践するダニエル・ルロは、「私は症状を消すための精神科医でもなければ、患者を復帰させたり回復させたり再社会化する精神科医でもない」と宣言し、「生が生きるに値するものであるという気持ちを個人に与える『もの』とは何か」を問い続ける患者の声を受け止め、その問いを患者とともに探求する営みの中に自らの仕事を位置づけている。彼女の勤める精神病院は、アトリエ、集会所、温室、図書館、音楽室などの建物が散在する「居住空間」であり、科学的な医療は脱中心化されている。身体の「移動の自由」とそこから生まれる「集合性」が癒しと治療の装置として機能しているのである。患者の声に耳をすますことから出発して、「病気を治療する前に、われわれ(医者)はわれわれ自身を『治療』しなければならない」と言う(ガタリほか、二〇〇〇)。このルロの主張は、ショーンの「反省的実践家」の提唱と重っている。状況と対話し行為の中で省察する「反省的実践家」は、究極的には「自己と対話する」実践家である。

イ・ヨンスク（二〇〇〇）が明晰に述べているように、「道具」としての言葉は、一方では「身体の延長」として身につけることによって「身体性」を獲得し、もう一方では「身体化できない外部の力でありつづける」ことによって「装置」としての性格を保持している。「身体の延長」としての言葉は私たちを「解放」するが、それと同時に「装置」としての言葉は私たちを「拘束」する。イ・ヨンスクは、この「言葉の道具性」がもたらす二重の性格を「近代社会」と「伝統的共同体」の間で生じる翻訳（植民地化）へと敷衍し、さらには、「単語のスロットマシーン」に転化した言語表現による「ロゴクラシー＝ことばの支配体制」を解剖している。イが指摘するように、「ロゴクラシー」は「近代社会における言語のすがたの極限」であることが重要である。言葉における「身体性」の喪失は「装置」への隷従以外の何物でもない。

ところで、かつて、明治初期の英語教育の史料を調べていて驚いたことがある。英文に漢文の読み下し文と同じ「一」「二」の符号と「レ」の返り点が付されていた。英文を漢文と同じモードで翻訳しているのである。しかし、当然のことながら、英文を漢文と同じ「書き下し文」に置き換えたとしても無理が生じてくる。漢文ならば「書き下し文」によって和文へと容易に変換できるだろうが、英文ではそうはいかない。そこで、この史料では、英文の下の「書き下し文」にもう一つ文章が添えられている。英文の「書き下し文」を和文らしく修正した文章である。今日の英語教育にまで引き継がれている「直訳」と「意訳」の二段階による翻訳方式はここに淵源をおいている。

「直訳」と「意訳」の二段階による翻訳の方式は、どんな外国語も日本語に置き換える「自動翻訳装置」である。漢文であろうと英文であろうと仏文であろうと露文であろうとお構いなしである。便利と言えばこれほど便利なものはない。しかし、この便利さによって喪失しているものの大きさを知るべきだろう。何年学んでも英語を身体化できない（話せない）という通俗的な批判を言っているのではない。異文化の交渉と摂取における本質的な問題がこの

「翻訳装置」には埋め込まれている。

たとえば、この「翻訳装置」に依拠している限り、どんな異質な文化と交渉しようとも主体が脅かされることはない。この「翻訳装置」においては、見知らぬ他者の歴史と文化を凝縮した身体性を帯びた言葉が、自己の文法による二段階の操作をとおして「声」を喪失し、自己流の「意味」の情報システムに置き換えられている。この装置のもとでは、他者と都合よく交渉しつつ、決して主体は脅かされることはない。他者と出会わない異文化交渉においては、主体に改編を迫る衝突も葛藤も起こりえないのである。

しかも、この「翻訳装置」における自己と他者の関係は非対称である。「直訳」と「意訳」の二段階は英文から和文への「翻訳」としては機能しても、和文から英文への「翻訳」としては機能しない。この「翻訳装置」は、他者から自己を見るまなざしを喪失しており、ひたすら他者を自己流に表象しつつ、しかも自発的な植民地化を無意識のうちに推進してしまうのである。この「翻訳装置」による独善性と植民地性は、何よりも近代日本の歴史が証明している。

3 植民地

われわれの知は、徹頭徹尾、植民地主義に呪縛されている。たとえば国民の常識を形成している歴史と地理の教科書を紐解いてみよう。なぜ日本史の中に世界史が登場せず、世界史の中に日本史が登場しないのか。そもそも縄文、弥生の時代から「日本」という国が確固として存在したかのような記述は歴史の捏造ではないのか。世界地理の教科書を見ると、各国の気候、文化、産業が記されているが、それらの知識は、白地図に一方的な表象で特徴を書き込む帝国主義の視点によって提示され、各地に生きる多様な人々の固有な生活世界を内側から記した知識ではない。帝国主義と植民地主義は、文部省検定の地図帳においてはより露骨である。いつからか日本の総面積は拡大しており、北方領土は日本の領土に色分けされ、樺太島の南半分は白地とされて欲望の対象としての無国籍の領土として扱われている。

そもそも日本の近代は自発的植民地化の歴史であった。教科書は、日本が植民地化されなかったのは欧米の進んだ科学技術を導入し近代化を逸早く達成したからと説明しているが、むしろ事実は逆だろう。日本の国家は自発的に国内の植民地化とアジア諸国の植民地化を推進することによって、国家の主権を奪われる植民地化の危機を免れたのである。もし他のアジア諸国と同様、欧米諸国による植民地化の圧力に抵抗していたならば、容易に主権を剝奪されて植民地化される運命をたどったであろう。

日本の近代化が自発的植民地化として遂行された事実は、「学制」(一八七二年)の「読方」(reading の翻訳)がアメリカの『ウィルソン・リーダーズ』の翻訳教科書を使い「凡そ世界は五州に分れたり」と始まり、白人、黄色人、黒人の人種の差異から教えられたことや、国民教育の制度を確立した最初の国定教科書『尋常小学・読本』(一九〇四年)が「イエ、スシ」から叙述されていることに如実に表現されている。「イエ、スシ」を最初のページに掲げた国定教科書は、その内容が露骨に示すように、「イ」と「エ」、「ス」と「シ」の発音の分節化が曖昧な東北地方の植民地化を意図して編纂されている。しかも、第三次小学校令施行規則(一九〇〇年)において制度化された「国語」の教育を発音による方言の矯正によって着手する方略は、台湾の植民地支配によって開発され有効性が検証された方法であった。外地の植民地支配によって開発された知が、内地の支配の知へと「逆植民地化」される形態は、近代化の過程のいたるところに遍在している。

近代化=植民地化の歴史の典型である教育史において「逆植民地化」の事例をいくつか挙げると、「文部省唱歌」の特徴である「ヨナ抜き旋法」(ファとシを抜いた五音階)は、植民地朝鮮の民俗音楽の五音階を基礎として内地に

「逆植民地化」されたものであり、今日、「ヨナ抜き旋法」による植民地化の記憶は演歌に転変して日韓の歌謡界をつないでいる。また、ファシズム教育の理念となった「皇国民の練成」という標語も、「満州」における植民地教育において出現し朝鮮半島の植民地教育を経由して内地に「逆植民地化」されている。「国史」という教科名もその起源は満州における植民地教育である。戦後民主主義の象徴とされる「六・三・三制」でさえも、満州の植民地教育の拡大と日本の学校制度をつなぐ「逆植民地化」を基盤として浮上した制度構想であり、戦後にアメリカの占領軍が押し付けた学校制度と言うよりも戦時下の植民地教育において確立された帝国主義的な制度構想であった。

近代日本の知は、「自発的植民地化」「植民地化」「逆植民地化」のトライアングルの循環の産物である。しかし、日本の知をめぐる植民地化の構造は、正統化され権威化され慣行化され制度化された知においては隠蔽されている。

植民地主義に対する抵抗は同一性との闘いである。その闘いはナショナリズムという擬態との闘いであり、文化的原理主義との闘いであり、同一性による統合という虚構に裂け目を入れ、リアルな差異の政治学へと転化する闘いである。グローバリズムとポスト植民地主義の状況において、その闘いは日増しに重要性を帯びている。

ポスト植民地主義の状況は日本の文化現象においても顕著である。世界の国々を移民を送り出す国と移民を受け入れる国に分けたとき、つい最近まで日本が移民の流出国であったことに注意する人は少ない。一九九五年の海外青年協力隊は最後の移民集団であった。彼らの多くは地方の寒村の出身者であり、中南米を中心とする国々に先に移民した親戚をたずねて国籍を変更し就労している。以後、海外青年協力隊はボランティアへと性格を転じ、日本は移民を流出する国から受け入れる国へと転じた。

この年、警察庁の報告によれば、日本人の街娼の検挙は初めてゼロとなり、売春の担い手は外国人の街娼と、中高校生の「援助交際」へと移行している。ほぼ同時に、新宿を始めとする都市の路上がホームレスで溢れるようになり、渋谷に集約的に見られるように中高校生たちがストリート・チルドレンのように群れをなして路上を彷徨し、ポスト・フォーディズムのもとで大量の若年失業者たちが「フリーター」となってさまよう状況が出現した。さらには高校生の四割が日本人の指標である黒髪を「茶髪」に染め、野生回帰とも見られる「ガングロ」をファッションとして流行させたのも、そしてサイバー・スペースで「つながる」ことを求めて若者の中にポケベルが浸透し、香港で流行していた携帯電話の爆発的普及が始まったのも、この時期である。これらの一連の現象は、グローバリズムによる文化現象であり、まるで日本国内に第三世界が出現したかのように、社会全体がポスト植民地主義による新たな境界線で分断され再編される様態を示すものと言えよう。

酒井直樹（二〇〇〇）が明示しているように、「アメリカ合州国によって用意された傀儡の装置」としてナショナリズムを作動させてきた戦後の日本では、ポスト植民地主義のもとで固有名で語られるアイデンティティが溶解する一方で、日本文化の同一性を始原に回帰して基礎づけようとする原理主義の語りが登場し、これまで「国民」という防御壁で守られていた私的な自我が剝き出しになって葛藤と衝突が頻発する。もはや帝国主義の植民地的支配は軍隊のような直接的支配によるのではなく、親密な身内と呼ばれる関係や近隣の関係の社交的交渉において、居間に流れるテレビのブラウン管を通して、もっと日常的にもっと象徴的にもっと身体的に作動する。メディアが提供する過剰な刺激とは対照的なのっぺりとした日常生活の身体感覚が、闘争のアリーナとして浮上する。異質な他者を表象する人やモノやコトに「出会う」こと、それらに直接に「触れる」こととそれらと「交わる」こと、そしてそこに何かを「表現し記す」こと、その一連の活動過程において、「私」という同一性の帰属性は揺るがされ崩され流動化し、そこに何かを託し何かの「始まり」を準備する。今日のように帝国主義の植民地支配がグローバル化された状況では、メキシコのアヴァンギャルドの画家たちがかつて実験したように資本の権力によっては剝がされない壁画をコカコーラを飲みながら街の随所に描く必要がある。アボリジニやネイティヴ・アメリカンが拠り所として語る「聖なる大地」

に相応する場所を、固有名を記した小さな生活世界の中に築く必要がある。

植民地の歴史はどう語りうるのだろうか。金大中と金正日が平壌空港で握手を交わした五カ月後、金大中の準備した学術基金「ブレイン韓国21」によってソウル大学で開催されたある国際学会における出来事である。この学会には環太平洋諸国の研究者が多数招待され、朝鮮半島における日本の植民地支配の歴史的意味を議論していた。招待者の一人として参加した私は、一連のシンポジウムにおいて奇妙な違和感にとらわれていた。モンゴル、満州、台湾、インドシナ、南洋諸島等の植民地支配と朝鮮半島の植民地支配の比較など、多元的な地域から日本の植民地支配の実態が浮き彫りにされ、植民地化された韓国の歴史とその性格が多角的に検証されてゆく。日本からも二〇名近い研究者が参加し、植民地化政策の歴史と戦争責任について報告しつつ、グローバリズムの時代を迎え、日韓の国境を越えた平和的な連帯への希望を語っていた。そのすべてが、私の胸中で奇妙な違和感を呼び起こし、意識の錯乱を導くのである。

私が感じた違和感の一つは、「植民地化」を主題とするシンポジウムのすべてが英語で議論され、ハングルによる報告もハングルへの翻訳も一切行われなかったことである。十数カ国の参加者の共通言語は英語しかないとは言え、聴衆の大多数は韓国の研究者と大学院学生であり、シンポジウムの中心主題は、皮肉なことに「植民地主義の批判」であった。「植民地主義の批判」は、母語の使用を禁じた「植民地主義」の言語で語りうるのだろうか。「植民地主義」の言語で「植民地主義の批判」を語ることに限界があるならば、どのような言語で「植民地」について語ればいいのだろうか。

しかし、それ以上に違和感を覚えたのは、日本の侵略戦争と植民地支配の歴史を探究した日本人の研究者による一連の報告であった。植民地支配の歴史と戦争責任に焦点化して論じた一連の報告は、斬新な内容と明晰な論理にもかかわらず、私の中で言葉にならない嫌悪感を呼び起こした。いったい、この感情は何なのか。もし、彼らの報告を日本の国内で聞いたならば、違和感や嫌悪感なしに、学術的貢献を素直に讃えることができただろう。しかし、植民地支配の傷跡が生々しいソウルにおいて、日本の戦争責任を断じる日本人の言葉は、何かをはぐらかした欺瞞の言葉として響いてしまう。このギャップをどう埋めればいいのだろうか。

シンポジウムの二日後、ソウル大学の若い研究者と大学院学生たちによって私の歓迎会がもたれ、彼らと自由に交流する機会が設けられた。彼らもシンポジウムにおいて植民地主義の歴史を断罪した日本人の一連の報告に、言葉にならない複雑な感情を抱いたと言う。彼らもそうだったのかとうなずく私に、「おまえはどう思ったのか」という質問が殺到した。「自慰行為（マスターベーション）の語りだと思う。」それまで言葉にならなかった違和感と嫌悪感をかろうじて小声でそう表現して、すぐに「品位のない表現で申しわけないが」と詫びたのだが、その声を掻き消して会場にはわっと言う歓声と拍手が沸き起こった。彼らの側から言っても、やはりそうなのである。戦争責任を回避する歴史修正主義者の語りも、戦争責任に回収して植民地主義の歴史を贖罪する語りも、他者と出会う場所においては「自慰行為」でしかない。

問うべきことはその次にある。植民地主義の語りは、言葉が発せられるやいなや、その語りのポジショニングにおいて地政学の様相を露呈し、その言語において表象の政治学を露にする。しかも近代の学問は内側に植民地主義の核を組み込んで成立してきた。進歩は啓蒙を含み、啓蒙は植民地化の異名ですらある。植民地化を伴わない近代化はありえないし、近代化は必然的に植民地化による支配と差別を生み出してきた。その内側から植民地化のシステムに亀裂を走らせ、その構造を内破する言葉を探り出すとすれば、失語症者のように抱え込む深い沈黙から出発するほかはない。

参考文献

三善晃、一九九五、「指の骨に宿る人間の記憶」『朝日新聞』、七月四日夕刊。

メルロ＝ポンティ、M、滝浦静雄・木田元訳、一九六六、『眼と精神』、みすず書房。

Bruner, Jerome, 1969, *On Knowing: Essays for the Left Hand*, Atteneum.

ドゥルーズ、一九九九、鈴木啓二訳「創造行為とはなにか」『批評空間』、Ⅱ―二二、太田出版。

Schön, Donald, 1983, *The Reflective Practitioner: How Professionals Think in Action*, Basic Books.（佐藤学・秋田喜代美訳、二〇〇一、『専門家の知恵』、ゆみる出版）

ガタリ、Fほか、二〇〇〇、『精神の管理社会をどう超えるか？』、松籟社。

イ・ヨンスク、二〇〇〇、「言語という装置」、栗原彬・佐藤学・小森陽一・吉見俊哉編『越境する知4――装置』、東京大学出版会。

酒井直樹、二〇〇〇、「戦争の・植民地の知をこえて」、栗原彬・佐藤学・小森陽一・吉見俊哉編『越境する知6――知の植民地』、東京大学出版会。

2 コミュニケーションとしての演劇と教育——如月小春との対話

1 出会い

如月小春さん、僕は、今、メキシコシティにいます［二〇〇一年］。あのニューヨークの世界貿易センターが国際テロの襲撃でもろくも崩れ去った事件から、まだ一〇日もたっていません。現実が演劇以上に過激になる現実を見て、如月さんだったら、いったい何を語るだろう。事件の報道を聞くたびに、そう思うのです。二年ぶりのメキシコシティですが、大通りを走る車は小奇麗になっても、交差点に群がるストリート・チルドレンの姿は変化していません。黒ずんだ彼らの表情を見て、如月さんだったら何を語るだろうか。そう思ってしまうのです。そして若き如月小春の秀逸したエッセイ集『都市の遊び方』（新潮社、一九八六年）にすでに、その言葉が隠されていることを思い起こすのです。

如月さんが、突然逝かれる前の三年間、如月さんは何度も僕の隣の席に座っていらっしゃいました。そう言えばそうねと、茶目っ気あるまなざしが返ってきそうです。新聞の座談、雑誌の座談、数々のシンポジウム、そのいくつもの席上で、如月さんはいつも僕の隣の席にいました。あの立教大学で倒れられた翌日も、その立教大学で「ケアの思想」と題するシンポジウムが栗原彬さんによって企画され、そこでも如月さんは僕の隣の席だったのです。あのシンポジウムは、何の制約も受けず、お互いの一番根っこを思いのたけ話し合えるねと、如月さんも僕も何カ月も楽しみにしていました。その空いた席が永久に埋まらない席になろうとは、いったい誰が予測できたでしょう。

如月さんは、僕の世代から見ると、まるで新しい感性と根っこからの自由な知性があふれる女性として彗星のように登場した演劇人でした。もう二〇年以上も前のことですが、その一条の光を鮮烈に感じたのは僕だけではなかったと思います。「彗星の登場」という比喩については、あとになってお父様が天文学者であったことを知って、その確かさを妙に納得したものです。

如月さん、けれども、僕が三年前にお会いした如月小春は、「彗星」の輝く一条の光というイメージよりもむしろ、日常の現実の中で知恵に磨きをかける「生活者」であり「母」である如月小春でした。

今から思えば、三年前というのは遅すぎました。その後悔が残ります。如月さんが、神戸の子どもたちと、そして姫路の子どもたちと演劇づくりの仕事に取り組まれていることは、お会いする前から知っていました。そして、中央教育審議会の専門委員という厄介な仕事までも、教育の現状を憂えて引き受けられていたことも承知していました。けれども、若き如月小春の「彗星」の残像にとらわれていた僕には、教育に打ち込まれる如月さんの姿とその残像がうまくイメージを結んでいなかったのです。けれども、三年前というのは、僕にとってはいい時機だったと思います。僕も、新潟県のある小学校で演劇の脚本づくりと演出に挑戦した直後だったからです。

そして、いつかどこかでという思いがつのっていたとき、はからずも如月さんからの手紙を受け取ったのは、神様による導きの糸としか言いようがありません。如月さんが毎年、姫路で続けている中学生と高校生の演劇に参加している教師たちをサポートして欲しいという依頼でした。それからは、演劇教育連盟のシンポジウム、朝日新聞の座談、民間教育協会（民放テレビの連合組織）のシンポジウムなど、如月さんは、いつも僕の隣の席で、自然体で参加しながら的確な言葉で核心をつく発言をされてきました。その言葉の確かさにいつも圧倒されながら、僕は、心強い全幅の信頼感を覚えてきました。そう、教育に対する発言と行動において、如月さんは、全幅の信頼を寄せられる唯一の人でした。

2 教育

如月さんを失ったことが、どれほどの衝撃であり打撃であるのか、生前の如月さんは想像もしていらっしゃらなかったと思います。あの一二月の日から一〇カ月を経ても、僕の心の中心にぽっかりと空洞をつくっている喪失感は縮小するどころか、ますます膨らむばかりです。

教育について発言する人は数限りなくいます。教育において何らかの行動をとる人も数限りなくいます。けれども、教育に対する発言と行動で全幅の信頼をおける人は、如月小春さんをおいて他にいません。そう考えてきたのは、僕だけではありません。演劇教育をとおして如月さんと出会った教師たち、そして、如月さんのネットワークによって教育との接点を見出した若い芸術家たち、さらには、神戸や姫路や世田谷で如月さんの演出で演劇活動に取り組んできた子どもたちと学生たちと教師たち、そのすべてが如月さんとの交流を自らの仕事と学びの活力にしていました。

如月さんの教育に対する発言と行動が、なぜ一つひとつ確かなものであったのか、それは、社会の現実と文化の現実と女性の現実と子どもの現実に対する如月さんのまなざしが、驚くほど確かだったからです。如月さんと対話を続ける限り、僕は、教育の見方を絶えず新しくしていけるし、教育に対する発言と行動を確かなものにしてゆける。その信頼感と安定感が、如月さんの発言と行動にはあったのです。

如月さんが教育に打ち込まれたのは、必然的なことだったと僕は思います。如月さんにとっての演劇は、人と人のコミュニケーションそのものだったからです。そのことで思い出すのは、あるシンポジウムで同席した時、「演劇の技法と教育の技法は違うけれど、演劇の技法の中に教育に通じるものがたくさんある」という趣旨の発言をされたことです。如月さんの教育への関わりの本筋は、演劇教育をどう推進するかにあるのではなく、あるいは、教育をどう演劇的に構成するかにあるのでもなく、さらには、演劇によって教育をどう変革するかにもありませんでした。如月さんにとっては、演劇の根底に人と人のコミュニケーションの創造があり、教育の根底にも、人と人のコミュニケーションの創造があったのです。この演劇と教育の驚くほど自然なつながりが、如月さんと僕や教師たちを結び付けていたのです。

如月さんの演劇と教育の根底に人と人のコミュニケーションがあることを象徴するエピソードを思い起こします。如月さんが逝かれる二カ月前のことでした。「佐藤先生に（僕に対する〝先生〟という呼称は、如月さんらしからぬ唯一の言葉でした）、ぜひとも会わせたい人がいる」と連絡があり、その二人の青年を交えて東京大学教育学部の学生との研究会を持ったときのことです。その青年の一人は、北海道富良野の老人養護施設のリハビリ治療士の川口淳一さん、もう一人の青年は、現代作曲家の野村誠さんでした。川口さんは、自閉症の子どもと演劇活動を行い、痴呆の老人に演劇的手法でリハビリを行う実践家、野村さんは、小学校や老人ホームを創作と表現の場にして即興演奏を行う作曲家です。

川口さんのユーモアに満ちた報告を聞き、彼の子どもと老人との関わりをビデオで視聴した後で、如月さんは「脆さを抱えた人と関わる人は、強いテンションを自分の内に持っていなければならない」と、逆説のような真理を語られました。確かにそうです。脆さと脆さをつきあわすコミュニケーションは偽善を生み出すだけです。なるほど、教育や福祉の場には、いかに脆さを脆さで包み込む偽善が多いことか、と唸ってしまいました。しかし、こういう言葉は、如月さんの経験のどこから生まれてくるのか。その疑問を考えるまもなく、「佐藤先生、すごいでしょう。この若い人たちは、何の壁もなく障害を抱えた子どもや老人と表現を創っていくし、何も気張らずに対等な関係を築いているんだから」と、まるで自分を誇るように語りかけていました。その時に、僕は直観したのです。如月さんは、近いうち、日本人のコミュニケーションの一新をはかる演劇の挑戦を開始するに違いない、と。しかし、その僕が感じた直観が真実かどうかを確かめることは、もう不可能になってしまいました。

3　つながり

如月小春さんは、人が一人では生きてゆけない宿命と、にもかかわらず、人と人がコミュニケーションによってすれ違ってしまう宿命と、それらの哀しい宿命がもたらす喜怒哀楽に演劇と教育の原点を見出していたように思えます。子どもと演劇活動を行うとき、如月さんは、いつも表現の不器用な子どもに温かいまなざしを注いでいました。それは教育的な配慮というよりも、如月さんにとって、表現の不器用な子どもは、心の壁を幾重にも屈曲させ歪めている子どもで、それだけ演劇表現に他の子には出せない格別の妙味をもたらしてくれると考えているようにも見えました。姫路の子ども劇場の練習に同伴した時も、外国籍でしかも厳格な親に育てられたため、言葉に感情の起伏が感じられない一人の女の子と、いつも帽子をかぶって試験があっても欠かさず練習に来る一人の男の子の様子を、如月さんはいつも楽しげに語っていました。

世の中を渡るのにこれほど不器用な子はいないと思う子どもたちに、如月さんが、なぜあれほど深い関心を寄せ、愛着を覚えていたのか、今も不思議です。如月さんは、その子たちの成長する姿を喜ぶというよりも、その子たちの生き様をそのまま喜んでいるのです。案の定、本番の舞台でも、言葉に感情のない女の子のセリフは、棒読みに近い表現でしたし、帽子の少年はひさしで顔を隠しながらの演技でした。それでも如月さんはご満悦で、我がことのように、この二人の様子を生き生きと語るのです。この優しさは、おそらく如月小春の表現論の一番根っこにあるものだと思います。「なぜ、演ずるのか」という問いの根幹にあるものだと思います。これまでの演劇人にはない表現論だと思うのです。

それ以上のことは、僕にはうまく表現ができません。不器用を絵で描いたような子どもの様子をご満悦で語る如月さんの言葉を聞きながら、僕はいつも、この多感で才気あふれる女性が、思春期と青年期にどんな闇と闘いながら演劇活動に接近していったのかを想像するしかありませんでした。しかし、この不器用な子に対する礼賛も、如月さんの演劇教育の根幹にコミュニケーションの創造というテーマがあることを考えれば、十分に納得ができることです。

如月さんは、子どもを対象とする演劇の実践を推進するだけでなく、教育全般に対しても積極的に批評と提言を行ってきました。その批評と提言は、いつも当事者の感覚に根ざした具体的なものでした。民間教育協会主催による「教育改革」のシンポジウムの席上のことです。就任したばかりの有馬文部大臣（当時）と今は亡き教育ジャーナリストの斎藤茂男さんと如月小春さんと私の四人のシンポジウムでした。有馬文部大臣が、親は受験教育や早期教育に夢中にならないでいただきたいと要望を述べたとき、如月さんは「そうは思っても親は将来の不安にかられるし」と、いかにも凡庸に親の揺れる複雑な心情を語りました。二〇〇〇人の会場で、しかもテレビ放送のカメラが回る席上で、これほど凡庸な発言は、確信犯でなければできません。僕は、いつものように隣席で「如月さんやったな」と心中でニヤリと微笑みながら、如月さんの教育の批評や提言がいつも的確である秘密を発見して喜んでいました。

とかく教育は「〇〇であるべし」と大上段に語られるか、いたずらに高尚に議論されがちです。しかし、如月さんの教育の批評や提言には、一言も大上段の「べき」論や高尚な議論はありませんでした。あれだけ感受性が豊かで何もかも見とおせる知性が備わっていたから、余裕があったのでしょう。如月さんは、教育について批評し提言する時はいつも、子どもや親や教師の悩みや葛藤や困惑を出発点にしていました。教育の発言と行動においても如月さんは演劇人でした。だからこそ、いつも教育の核心に迫る発言と行動を示してきたのです。

如月さんは、僕たちの進める学問の改革に対しても最大の支援者でした。栗原彬さんと小森陽一さんと吉見俊哉さんの四人で、これまでの学問の一新をはかる「シリーズ　越境する知」（『内破する知』＋全六巻、東京大学出版会）を五年がかりで編集したとき、如月さんは、その第一巻『身体：よみがえる』の一章を執筆しただけでなく、このシリーズの趣旨を語る雑誌（『UP』）の座談会と紀伊國屋ホールのシンポジウムにおいて、僕たち編者四人と語る相手をつとめてくださいました。如月さんは、学問の一新をはかる僕らの闘いの最大の支援者でした。今思えば、あの紀伊國屋ホールのシンポジウムが、如月さんの姿を拝見した最後になってしまいました。

4　遺　志

如月さん、ふり返ってみると、座談会やシンポジウムで同席することは多かったのですが、一度も対談の機会はありませんでした。そのことが悔やまれますが、しかし、それでよかったと思います。如月さんは、追悼集『如月小春は広場だった』（新宿書房、二〇〇一年）の書名にあるように「広場」でした。日本の社会には「広場」がありません。日本の都市にも「広場」がありません。如月さんは、演劇と教育を「広場」にする闘いを続けていたのだと思います。

如月さん、生前の如月さんと対談する機会には恵まれなかったけれど、あの日から如月さんとの対話が始まっています。如月さんと出会い交流した人々のすべてが、僕のように、如月さんとの対話を続けていると思います。

たとえば、今思い起こすのは、姫路の子ども劇場の練習場面を訪問した夜、ご主人の楫屋一之さんと如月さんと茉莉ちゃんと僕の四人で、おいしい魚料理に舌鼓をうちながら、そして「脚本づくり」に励む茉莉ちゃん（五歳）の傍らで、椙屋さんを含めて三人で語り合ったときのことです。僕らは、今の日本の政治と社会と文化の「狂い」について夢中で語り合いました。この大政翼賛的な「狂い」にどう立ち向かえばいいのか、と。僕が「愚直なまでに民主主義を追求するしかないと思っている」とこぼした言葉に寄せて、如月さんは、帰京後の手紙で、この僕の言葉が印象的だったと記し、「私は愚直なまでに自由を追求します」と書いていました。

六カ月前に訪問した北部イタリアのレッジョ・エミリア市の幼稚園で、子どもたちが「広場」の人の群れを粘土で表現した作品を見ました。ご存知のように、イタリアの都市は「広場（ピアッツァ）」を中心に構成されています。子どもたちは「広場」に出かけて人の群れを観察し、幼稚園のピアッツァと呼ばれる広間で再現しようとしても、どうしても人の群れにならずに行列になってしまうのです。そこで「行列」と「群れ」との違いを話し合い、子どもたちは発見します。「広場」の人の群れは、それぞれが「自由」に歩いているのです。

そう、如月さんの求める「広場」が何であるかを、このイタリアの子どもたちに教わることができました。人々がその人らしく「自由」に生きること、その「自由」によって人と人のつながりが生まれること、その「自由」と「人の絆」によって「広場」が生まれること、それが如月さんの演劇と教育に残した遺志だと思うのです。いえ、逆かも知れません。人と人が不器用さを生かしてコミュニケーションをはかること、そのコミュニケーションによって「広場」を創造すること、この「広場」によって、人は人との絆（連帯）を築き、その人らしく自由に生きるのだと思います。

如月さんとの対話は、おそらく一生続くと思います。そのどこまでも続く対話によって、僕は、教育を「広場」にする闘いを続けていきたいと思っています。

3 祈りの心理学・希望の保育学——津守真に学ぶ

1 ポートレート

津守さんとはじめてお会いしたのは一九九〇年、岩波書店のシリーズ「授業」（書籍とビデオ・全一二巻）の一つ『発達の壁を超える』の撮影で愛育養護学校を訪問したときのことである。もちろん、津守さんが著名な発達心理学者であり、子どもの頃から記憶にある「津守式発達検査」の開発者であり、日本を代表する保育研究者であることは十分承知していた。しかし、この最初の出会い以後、津守さんはそれら以上の存在として私の前に立っておられる。実際、私にとっての津守さんは、「発達診断法の開発者」でも「発達心理学者」でも「ＯＭＥＰ（世界幼児保育・教育機構）日本委員会会長」でも「日本保育学会会長をつとめる保育研究者」でもない。『保育者の地平——私的体験から普遍に向けて』における「保育者」という津守さん自身の自己規定に最も近いのだが、「保育者」というラベルでも、なお不十分である。

一九九〇年以降、私は、毎年何度か愛育養護学校を訪問して、津守さんとお話できる機会を得てきた。それだけの交わりに過ぎないのに、私は、津守さんのポートレート（肖像画）を何枚も描くことができる。一九二六年に遣唐使以来の神官という由緒ある家に生まれ、震災後の東京の原っぱで子ども時代を過ごす津守さんのポートレート。戦時下、東京帝国大学文学部で心理学を専攻する津守さんのポートレート。戦後まもない一九四八年に東大を卒業し、恩賜財団母子愛育会愛育研究所研究員として幼児教育の世界に入る津守さんのポートレート。私の生まれた一九五一年、その広島県の港からアメリカへ出航する貨物船を探して乗り込み、留学生としてミネソタ大学へと向かう津守さんのポートレート。帰国後、お茶の水女子大学で発達心理学を研究し講義する津守さんのポートレート。一九八二年、文部省在外研究員としてアメリカの大学に滞在中、愛育養護学校の岩﨑禎子さん（現校長）から電話の依頼を受け、翌年に大学を辞職して愛育養護学校の校長を引き受ける決意をする津守さんのポートレート。さらには、それらの人生の各ステージをとおしてキリスト教を信仰し、神への祈りを捧げ続けてきた津守さんのポートレート。これら一つひとつのポートレートは、いずれも私の想像の中の「津守さん」であるにもかかわらず、いつも私の中に棲まい私の前に佇立している津守さんなのである。

津守さんは筋目のたった人である。この第一印象は今も変わっていない。一目お会いしただけで津守さんへの信頼の情が沸きあがり、私という存在の深いところで津守さんとの親密な絆がゆっくりと結ばれてゆくのを感受することができる。思えば、こういう資質をもった方に、これまでも何人かお会いする機会があった。たとえば、大学院生時代、修士論文の執筆のため、何日もご自宅を訪問してお話をうかがった城戸幡太郎さんがそうだった。城戸さんはすでに卆寿に近い老齢でありながら、若々しい闊達な学問精神で孫よりも若い私の研究に耳を傾けてくださり、その数年後には「一緒に協力してカリキュラム研究所を創りましょう」と声をかけてくださった。津守さんと同世代の人でいえば、北海道家庭学校で非行少年の教育に一生を捧げた谷昌恒さんがそうだった。遠軽の家庭学校を七年前に訪問したとき、谷さんは雪深い林を歩きながら一人ひとりの少年の人生について私に説明し、その哀しみを身体いっぱいで受けとめるあまり、何度も声をつまらせては天を仰いでおられた。終戦直後、津守さんが愛育研究所で障害を背負った子どもの保育活動を始めた頃、同じく東京大学文学部を卒業した直後の谷さんは福島県の障害者施設で福祉活動を始めていた。この二人の青年は、戦後民主主義の息吹を共にしながら、荒涼たる大地にそれぞれ一人立っていたのである。「筋目がたっている人」という津守さんに対する私の第一印象は、津守さんの世代の人が保持している精神の内面の自由と、不幸な人々と対等に関わることによって「人間のための社会」を樹立しようとするミッション（使命感）によるものなのである。

2　心理学者から保育者へ

津守さんの心理学は、大きな変化を遂げてきた。津守さんはミネソタ大学児童研究所に留学して以来、行動心理学の「客観的実証科学の方法論」によって発達心理学を研究されてきた。しかし、一九七〇年代半ばに「その試みは放棄せざるをえなかった」と言う。「保育は人と人とが直接にかかわる仕事であり、知性も想像力も含めた人間のすべてがかかっているから」である（『保育者の地平』）。実験を基礎とする「客観的実証科学」から、省察を基礎とする「人間学」への転換である。津守さんのもう一つの大きな転換は、一九八三年の「保育研究者」（学者）から「保育者」（実践者）への転換である。二、三歳の幼児から一二、三歳までの約三〇名の子どもたちが通う愛育養護学校が「保育者」としての津守さんの舞台となった。それ以前も同校の家庭指導グループにおいて実践に関わっていたが、一九八三年以後は「毎日を子どもと過ごす者」になり「いつも子どもとともにいる者」になった。津守さんにとって「保育者」になることは「人間学」の実践者になることを意味していた。「日記」には次のように記されている。

私は子どもそのものの存在、人間そのものの存在の中に夢想としてはいりこんでゆくのだ。子どもを対象として動かそうとするのではない。その存在そのものの中に入り込んでゆくのだ。自己実現とは、外から言った言葉だ。保育は子ども自身の中に沸きいづる思いを生み出す仕事である。

（『保育者の地平』）

このように、津守さんの学問と実践は一九八〇年前後に大きな転換を遂げている。しかし、この大きな転換の前後に一貫性が横たわっていることを重視すべきだと思う。津守さんは、「子どもの遊び」と「保育者の苦心」に対する関心に一貫性を求めておられるが、私はそれらの基盤にあるアメリカの進歩主義教育（プログレッシヴ・エデュケーション）の伝統に求めたい。デューイの実験学校（一八九六—一九〇四年）を起点とする「子ども中心主義」の教育革新の系譜である。その思想と実践の潮流が、津守さんの学問と実践の根底を流れている。歴史の偶然としかいいようがないが、津守さんが留学されたミネソタ大学の教育学部は、進歩主義教育連盟を実質的に組織したマリエッタ・ジョンソンが一九〇七年に創設したオーガニック・スクールを基盤としている（佐藤、一九九〇）。ミネソタ大学教育学部で教える友人によれば、マリエッタ・ジョンソンは、ミネソタ州の原住民（ネイティヴ・アメリカン）の子育てに学び、とかく個人主義に傾斜し分析的になりがちだった進歩主義教育の子ども観に「全体性」と「共同性」をもたらしたと言う。子ども像における「全体性」と「共同性」は、津守さんの保育思想にも通底している。

3　今を生きる

「客観的実証科学」から「人間学」への転換において、もう一つ触れておかなければならないことがある。津守さんにおける「時間」概念の転回である。「保育者」としての津守さんの文章には、子どもと「今」を生きることの大切さが繰り返し説かれている。次の珠玉のような文章は、子どもと触れあい交わってきた実践者としての津守さんの日々のいとなみから生み出されたものである。

一つの瞬間は、私の世界の一つの部分であって、しかも、世界のすべてが凝縮されている。……この子の世界もまた、この瞬間に凝縮されて、いまに表現されている。私は、いま、この子どもとともに過ごしている。

過去は現在に連続しているが、切り離されている。いつも直結していたら、過去に憑かれていることになる。過去は現在の生き方によって変化する。現在は思いきって現在の意志で生きよう。

（『保育者の地平』）

ここに表現されている「いま（現在）」という時間は、時計が刻む均質な時間ではない。それは量的な時間（クロノス）ではなく、質的な時間（カイロス）である。一方向に流れる直線的な時間ではなく、うねったり淀んだりせき込んだりする時間であり、めぐる季節のような循環する時間である。制度化されたプログラムの時間ではなく、生きた身体が体験するプロジェクトの時間と言ってもよい。子どもは「今」を生きている。「今」を生きているところに未来への意志がある。津守さんは、いつもそう語りかけている。

かつて、津守さんから「子どもは、毎日毎日、同じことを飽きもせずに繰り返しています。あの繰り返しとどう付き合っていったらいいのでしょうか」と尋ねられたことがある。「それは経験の外部から見ると『繰り返し』に見えるのであって、『繰り返し』を行っている子どもの経験の内側から見ると、『繰り返し』ではなくて、絶えず『新しい発見』が起こっているのではないでしょうか」と私が答えたら、顔をくしゃくしゃにほころばせて「そうなんです、そうなんです」と喜んでくださったことがある。

津守さんが「今を生きる」大切さを言われるのには、もっと重要な意味が含まれている。子どもの「今」は、その「今」の経験を理解されないで犠牲にされるだけでなく、大人が求める子どもの「将来」のために犠牲にされている。「将来」への不安をぬぐいきれない障害を抱えた子どもの場合はなおさらである。子どもの日々の幸せと未来への意志を育てるためには、「将来」から出発して「今」を生きるのではなく、過去からもいったんは切断した「今」を「今」として生きる必要がある。津守さんの言われるとおり、「今」を充実させて幸せにしない限り、将来の幸せは実現しようがないのである。

4　現場を生きる

「今を生きる」ことは、実践者に「現場を生きる」ことを要求する。津守さんが愛育養護学校の校長として、つまり「保育者」として再出発した初期の「日記」に次のような言葉が記されている。

信じること　望むこと　愛すること

信じられないようなときに、疑わずに信じるのが、信じるということ。
悪条件がたくさんあっても。しるしを求めずに。
望むことができないようなときに、希望をもつこと。
子どもの保育を文化に結びつける仕事を。
愛することができないようなときに、愛すること。
他者の世界に関心をもつことはどんなときにでもできる。
この世の中は私が良いと思うように動くわけではない。
保育の現場も矛盾に満ちている。
私はその中にあって、生きつつ学ぶ。

（『保育者の地平』）

津守さんが指摘しているように、「現場は矛盾に満ちている」。この「矛盾」は、時に残酷でさえある。数年前に愛育養護学校を訪問したときのことである。このとき、津守さんは、愛育養護学校の校長を岩崎禎子さんに譲り、老人福祉コロニー・野菊寮の理事長の仕事に従事しておられた。私の訪問を愛育養護学校で待ち受けておられた津守さんは、開口一番、「佐藤さん、援助しても援助しても相手が後退し、事態がより困難にしかならないとき、援助に携わる者は何を支えにして仕事を続けることができるのでしょうか?」と尋ねられた。

私にとっては唐突な質問であり、しかも重過ぎる質問である。その重みを受けとめるのが精一杯で、沈黙でお応えするしかなかった。けれども、津守さんの問いは十分過ぎるほど理解できた。愛育養護学校の対象は子どもである。子どもたちは、発達を疎外する壁がどんなに大きかろうと、保育者の援助によって緩やかに発達してゆく。その希望と喜びが保育者の日々の仕事を支えている。しかし、障害に苦しむ老人の介護の場合はどうだろう。介護者の援助活動が老人の発達を促すことは稀である。心を砕き尽力しても尽力しても、老人の能力の退化は避けられないし、日増しに介助者の苦労は増大し、福祉施設の困難は増幅する一方である。福祉の現場はこの難問にぶつかっている。介助者は心身ともに疲労困憊し、最悪の事態には介助者による暴力が派生することにもなる。

数年前に津守さんに投げかけられたこの大きな問いに、私は、今も有効な答えを導き出すことができない。とても私に答える能力はないけれども、この素晴らしい問いを投げかけられて以来、ことあるたびにこの問いを自らに問い続けている。この問いが教育と福祉に携わる者にとって根源的な問いであることだけは確かである。この問いには「現場を生きる」者が直面する三つの次元の問いが含まれている。一つは「ケアの倫理」に関する問いであり、二つ目は教育とケアの実践における「祈り」に関する問いであり、三つ目は介助者(保育者、教師)と老人(子ども)の間の「相互性」に関する問いである。

こう考えると、この三つの問いは、津守さんご自身が一貫して問い続けてこられた生き方の根幹にある問いであることがわかる。「ケアの倫理」に関して言えば、「ケアする者」と「ケアされる者」が倫理と責任において非対称の関係にある限り、この問題は解決できないと思う。つまり、現在の教育や保育や福祉において「ケアの倫理」は一方的に「ケアする者」に帰属する関係が前提となっている。しかし、その関係をどう編みなおすことが可能だろうか。

「現場」の亀裂と矛盾に思いをはせると、絶望的な思いに呑み込まれてしまう。

「祈り」に関していえば、宗教をもたない私も「現場」における「祈り」の重要性について十分に理解しているつもりである。「祈り」なくして「現場を生きる」ことは不可能である。自己の能力の限界を知り、自己の能力を超えるものに希望を託すことなしに、実践者は一日も「現場を生きる」ことはできないし、子どもや障害者や老人と心を通わすことはできない。現代を生きる私たちは、特定の宗教を信じる者も信じない者も「宗教を超えるもの」を必要としているのである。この「宗教を超えるもの＝祈り」をどのように構想し、日々の実践においてどう思想化すればいいのだろうか。これからも問い続けるほか、道はない。

そして、三つ目の「相互性」に関する問いは、おそらくは「ケアの倫理」の問いと「祈り」の問いの合流点に位置づいている。この問いに関しても、前の二つの問いと同様、津守さんは、私よりも遥かに前方を歩んでこられた。次の文章が、その回答へと接近する一里塚を示している。そして、この文章から照らし出される一筋の未来への光が、津守さんのこれまでの歩みを内側から貫いていると思うのである。


共同の場は、対等の人間同士の相互性により、新たな可能性が開かれる場である。「対等」というのは、いずれもが自分自身となって生きることにおいてである。子どもと大人、男と女、老若、それぞれ力においても、立場においても、平等ではありえない。しかしいずれもが自分自身となって生き、それぞれの可能性を作り上げてゆくことを前提として対等な相互性はある。

（『保育者の地平』）

参考文献
佐藤　学、一九九〇、『米国カリキュラム改造史研究』、東京大学出版会。
津守　真、一九九七、『保育者の地平――私的体験から普遍に向けて』、ミネルヴァ書房。

4 授業研究の軌跡から学ぶもの
——稲垣忠彦の「教育学（ペダゴジー）」

『授業研究の歩み——一九六〇—一九九五年』（評論社）は、稲垣忠彦先生の授業研究の主な論文を、三五年間に及ぶ研究の展開に即して構成し編集した論文集である。稲垣先生の執筆された論文は膨大な量に及ぶが、本書では、そのうち授業研究の歩みを最もよく表現する論文が選択され、ほぼ足跡の順序に応じて編集されている。

稲垣先生の教育研究は、『明治教授理論史研究——公教育教授定型の形成』（学位論文、公刊一九六六年、評論社）を起点とし『長野県教育史（教育課程篇）』（一九七四年）、『近代日本教科書教授法資料集成』（一九八二年、東京書籍）、『日本の教師』（一九九三年、ぎょうせい）の編纂へとつながる近代日本の授業と教授理論の歴史研究、「教師の意識構造——実態とその形成」（『教育社会学研究』第一三集、一九五八年）と「教育実践の構造と教師の役割」（『現代教育学』第一八巻、一九六一年、岩波書店）を出発点とし『教師のライフコース——昭和史を教師として生きて』（一九八八年、東京大学出版会）へと連なる教師研究と教師教育研究、『アメリカ教育通信——大きな国の小さな町から』（一九七七年、評論社）などの一連の著作に表現される英米の授業と教師に関する比較研究など多領域に及び、それぞれの領域で、たくさんの著書と論文が執筆されている。しかし、「まえがき」で明言されているように、教室を基盤とし教師と協同して展開されてきた授業の研究は、その生涯を通して、稲垣先生の教育研究の中核をなすものであった。

これまで稲垣先生の仕事に最も身近な所で接してきた私だが、こうして三五年間の「授業研究の歩み」を通読すると、改めて、その足跡の広がりと繋がりを認識せずにはいられない。特に、本書の各章を戦後の教育と教育学の歴史と重ね合わせて読むならば、授業のリアリティに肉迫する筆致で記された一つひとつの文章が、その当時の輻輳する教育議論と緊張し合い多声的に響き合って、ほとんど圧倒されてしまうほどである。稲垣先生は控え目に「私の授業研究の歩み」として本書を提出されているが、読者は、戦後教育の変遷に教育実践において対峙した稲垣先生の、授業に対するまなざしと見識の確かさを読みとることができるだろう。本書では、戦後の教育実践の主だった論題のほとんどが言及されており、しかも、その当時の最も信頼に値する思索が稲垣先生の言葉によって的確に表現されている。

思えば、稲垣先生は、いつも誰かと協同の仕事を進められながら、いつも一人、自立的で独創的な道を開拓され続けてきた。稲垣先生のこのスタイルには、教育学者にありがちな「独善主義」と「徒党意識」に対する拒絶があり、大学人にありがちな現実から逃避した孤立に対する批判が込められていた。教育と教育学の閉鎖状況を克服するために、稲垣先生は、絶えず「一人でもできること」を追求され、「ワン・オブ・ゼム」として自らの役割を定位するスタイルを堅持されてきたのである。とかく政治的対立と運動の論理が先行してきた戦後教育の推移を想起するとき、徒党的関係が生じやすい教育実践の領域において、多様な人々に開かれた精神で「一人でもできること」を追求されてきた稲垣先生の歩みは、爽快である。もう三〇年近くも前だが、「一つの点（ドット）でもできることはたくさんある」と、稲垣先生はさりげなく私を励まされたことがあったが、その可能性を稲垣先生の歩みは鮮やかに示していると思う。自立的な「点（ドット）」として自己を定位されたからこそ、稲垣先生の歩みは、激動する戦後教育の只中にあって、くっきりとした軌跡を描いてきたと言えよう。私たちが学ぶのは、この軌跡とその意味である。

1 集約的対象としての授業——求心性と遠心性の遠近法

稲垣先生の研究には、授業という実践が内包している多層的な「求心性」と「遠心性」の循環する環がいくつも埋め込まれている。一般に授業研究と言うと、教育心理学を基礎とする学習と認知とコミュニケーションの研究か、あるいは、認識論の哲学を基礎とする教授原理の研究に二分されていたのだが、「教育方法史研究」を専攻される稲垣先生の授業研究は、諸外国の研究においても類を見ない独自の性格を獲得していた。稲垣先生の対象とした授業の事実とは、心理的事実や認識論的事実であると同時に、社会的歴史的事実であり、文化的実践の事実であった。もともと多元的で総合的で学際的な事実として、授業の事実が対象化されていたのである。

私は、この点に、授業の事実というミクロな世界を社会・歴史・文化というマクロな構造の集約点において定位する独自な方法論と、同時に、それゆえに引き受けた学的営為における苦悩をはらんだ格闘も、稲垣先生の軌跡は示していると思う。「求心性」と「遠心性」の交互作用として表れる独特な「遠近法（パースペクティブ）」こそ、稲垣先生の方法の真髄だと思うのである。

事実、稲垣先生の授業研究は、その足跡を通して、戦後の教育の歴史そのものまでも表現している。この特徴こそ、稲垣先生の研究が、教師たちの授業を典型化する広がりを内包してきた秘密だと思うのである。「求心性」と「遠心性」という主題は、まさに、稲垣先生の授業研究の核心に位置していると言ってよいだろう。その「求心性」と「遠心性」は、いくつもの層において確認することができる。

まず第一に、授業という対象を「求心性」と「遠心性」の結節点として捉える稲垣先生のまなざしは、授業の歴史性と社会性に対する洞察において表現されている。明治期の「公教育教授定型」を主題とする学位論文を出発点とした稲垣先生は、日本の社会と学校の変貌を根底で規定している「近代化の質」を、授業という具体的ないとなみを通して批判的に問い続けられている。その問いは、戦争と終戦、戦後改革と朝鮮戦争、安保闘争と高度成長、大学闘争と教育危機など、稲垣先生が体験した戦後教育のいくつもの断絶と亀裂をはらんだ展開を、教育の内在的論理において一貫させる格闘に支えられていると思う。稲垣先生において「歴史」とは、変転し続ける教育の現在を「近代」という「遠近法」において「歴史化」するいとなみであった。本書が、戦後五〇年の一九九五年に刊行されたのは、決して偶然のことではない。

第二に、稲垣先生の対象としている「授業」が、その「求心性」と「遠心性」が循環する「遠近法」という方法によって、一般に想定されてきた「授業」の概念よりも、はるかに多次元にわたる多層的な世界を構成していることが注目されるだろう。稲垣先生の対象とした「授業」の世界は、学問・文化・芸術のいとなみとの連続性を含み込むものであり、「教育」や「教育学」の世界に閉ざされてはいなかった。稲垣先生が大学院学生の頃から堅持してきた、制度化に伴う「定型化」への抵抗という教育実践に対する立場は、日本の授業の「閉鎖性」と「硬直性」と「形式主義」に対する格闘へと導いている。日本の「近代」の脆弱性と歪みを探究し続けてきた稲垣先生において、大規模な「近代化」への再燃とも言うべき高度成長期の学校と教室の大きな変化は、明治以来くり返されてきた学校教育における「定型化」の拡大再生産として主題化されたのである。

この稲垣先生の一貫する立場を、日本の授業研究と教育学の推移と重ね合わせてみると、稲垣先生の歩みの描き出す軌跡の独自性は明らかである。

日本の授業研究は、「科学化と体系化」を志向して大学の研究室において拡張し、教育学は、研究の対象と課題をひたすら細分化して専門化している。「授業研究」が、教育学研究の専門領域として確立するのは、一九六〇年代の初頭であった。以後、「授業の科学」を標榜するおびただしい論文が産出され、それらの研究は、次第に、「授業」をターゲットとする教育ジャーナリズムにおける普及と行政主導による研修制度の拡大と並行して、学校現場の教師の意識と行動に浸透してゆく。授業の意味を構成する言語の上からの浸透という、もう一つの官僚的支配と制度化の進行である。教育研究の科学化と専門化は、この官僚的で閉鎖的な制度化と密接に関わって進行したのである。この現象は、文部省を中心とする教育行政において機能しただけでなく、民間の教育運動においても同様に、しかも無自覚に浸透したと言ってよい。

稲垣先生は、教育研究の官僚的で閉鎖的な制度化に対して、最も敏感に反応し抵抗を挑み続けた教育研究者であった。「教師の自律性（オートノミー）」を基軸として「授業を開く」こと——。稲垣先生が幅広い人々と連帯しながら、いつも孤高を辞さず独自の歩みを進められてきたことの一つは、「自律性」を喪失し「閉鎖性」を深める教師に対する危機意識が、授業に関する思索と行動において貫いていたからではなかったろうか。「授業研究」の閉塞性と「教育学」の閉鎖性に対する批判を基礎として、稲垣先生は、学問・芸術諸分野の専門家との協同を追求しながら、開かれた授業の世界を開拓している。その連なりは、上原専禄（歴史学）、林竹二（哲学）、上野省策（画家）、竹内敏晴（演出家）、谷川俊太郎（詩人）、河合隼雄（臨床心理学）などをはじめとして多領域の人々に及んでいる。

第三に、稲垣先生の研究は、具体的な場を共有する教師との幅広い協同において推進されている。その協同は、最初に赴任された東北大学・宮城教育大学の位置する仙台の教師との「実践検討会」、東京大学に着任してからは、「教育科学研究会・教授学部会」（教授学研究の会）における斎藤喜博を中心とする教師との協同、東京大学において二六年間続けられた「第三土曜の会」、長野県教育史の編纂を契機とする教師との協同、さらには、「国語教育を学ぶ会」における東海・関西の教師との協同、東京大学を定年退職後は、転勤された滋賀大学、帝京大学、信濃教育会教育研究所における教師との協同など、そのネットワークは、全国各地の学校や教育センターに及んでいる。

これらの教師との協同研究は、稲垣先生にとって授業研究そのものであった。より正確に言えば、稲垣先生の授業研究とは、教師との協同を通して授業の新しい事実を教室に創造するいとなみであった。英米で今日「アクション・リサーチ」と名づけられている教育研究の方法を、稲垣先生は、もう五〇年も前から推進されてきたのである。さらに言えば、その「アクション・リサーチ」は、具体的な授業の観察と記録と批評を基礎として教職の専門性を開発するという、欧米では一九八〇年代に焦点化される「ケース・メソッド」と呼ばれる方法によって推進されている。授業の事例研究をベースとして教職の専門性を開発する稲垣先生の授業研究は、日本の教師文化のインフォーマルな伝統に支えられていたのだが、国際的に見ると、きわめて先駆的なスタイルを五〇年も前から開拓されてきたのである。

教師との協同による授業の事実の創造と教職の専門性の開発という授業研究のスタイルには、教育研究と教育実践の二元論の克服を志向する稲垣先生の精神が息づいている。研究と実践の二元論の克服は、しかし、両者の予定調和的な融合を意味するものでもなければ、一方を他方に移し込むことで達成されるものでもない。それは、教育研究が研究として自立し、教育実践が実践として自律性を獲得する過程において、教育研究が実践を内在化し教育実践が研究を内在化するという、相互媒介的な関係において実現されるものと言ってよいだろう。それを達成することの難しさとそこに生ずる数々の軋轢について、稲垣先生は、いくつもの、時には苦々しい体験を通して熟知してきた研究者である。「実践者に学ぶ」という稲垣先生の言葉は、簡潔な表現の中に、研究者と教師との協同において上記の相互媒介的な関係が成立する原則を示していると思う。

第四に、「求心性」と「遠心性」の循環する「遠近法」は、英米の授業と教師教育との比較を通して日本の授業の課題と改造への指標を提示するという、比較研究の方法においても表現されている。一九七四、五年の在外研究における経験を記した『アメリカ教育通信――大きな国の小さな町から』（一九七七年、評論社、毎日出版文化賞）以降、稲垣先生は、たびたび英米を訪問され、授業の改革と教師教育の改革をめぐる同時代史の探究を一つの方法論とされてきた。その二〇年間、稲垣先生のまなざしは、いっそう日本の教室の「閉鎖性」と「硬直性」を克服する課題に注がれ、さらには、「中央集権的効率性」によって急速な経済発展を達成した企業と学校の裏側に広がる、教育の闇の部分へとそそがれることとなる。

この二〇年間は、『戦後教育を考える』(一九八四年、岩波新書)において稲垣先生が指摘されているように、日本の教育が「外からの高い評価」と「内からの低い評価」のズレを拡大し続けた時代であった。しかも、稲垣先生が比較の対象とされた英米の教育それ自体が、民主主義の伝統から新保守主義による再編へと急激な変遷を遂げた二〇年間でもあった。日本の教育の近代化の質とその再編の構造を主題化してきた稲垣先生の研究は、通時的な「遠近法」だけでなく、共時的な「遠近法」も獲得したのである。

英米との比較研究を通して、稲垣先生は、イギリスのインフォーマル・スクールの「トピック学習」やアメリカのオープン・スクールの「テーマ学習」などの様式の具体的な姿を紹介すると同時に、ティーチャーズ・センターの機能や教師教育のプログラムに関しても調査し報告して、わが国の教育改革を草の根の運動で推進するための示唆を提示し続けてきた。

2 「教育学(ペダゴジー)」の問い直しへ

いくえにも多層的に循環する「求心性」と「遠心性」の「遠近法」で特徴づけられる稲垣先生の授業研究は、授業の事実に対する集約性を核としながら、どこまでも拡大しつつ集束する文化的実践の研究としての性格を保持して推進された。稲垣先生の授業研究は、授業という分野の一領域の教育研究として完結していたのではなく、文化諸領域に開かれた学際的な教育研究であった。「教育」「教育技術」「教育学」のすべてを含意する「技術知(テクネー)」と

「実践知（プロネーシス）」の学という、文字どおりの「教育学（ペダゴジー）」であったのである。

この「教育学（ペダゴジー）」は、稲垣先生の恩師である海後宗臣が、戦後初期に東京大学教育学部の設立にあたって構想した「教育学」に直結するものと言ってよいだろう。東京大学教育学部の「教育学」とは、教育実践の研究を中心に諸々の基礎研究を統合する学問を意味していた。この戦後教育学の伝統こそ、稲垣先生の授業研究の母胎であった。稲垣先生の教育学は、その意味で、東京大学教育学部の伝統を正統に継承する嫡子としての性格を担ってきたのである。この伝統の先見性と先駆性は明らかであり、世界と日本の教育研究の進展において、稲垣先生の先見性と先駆性が、年ごとに立証されていることも先に示したとおりである。

にもかかわらず、稲垣先生は、その歩みを「私なりの曲折をへた軌跡」と表現されている。この言葉には、稲垣先生の謙虚な人柄が率直に表現されているのだが、それだけでなく、字義通り「曲折」をはらんだ軌跡として、私たちが丹念に継承すべき問題が隠されているように思われる。この稲垣先生の実直なメッセージに、私たちはどう応えればいいのだろうか。

稲垣先生が「曲折」と言われるとき、そこには「五五年体制」を基盤とする高度成長を経過した学校と授業の構造的な変化と「近代化の終焉」を告げた臨時教育審議会（一九八四年）以降の学校と教師の混迷という、二重の変動に対する苛立ちにも似た心境が吐露されているように思われる。その苛立ちは、それ自体、稲垣先生が戦後五〇年の教育の推移に実践的に関与し続けてきたことの傍証でもあるのだが、稲垣先生においては、それだけに自責の思いをも呼び起こしているのだろう。

この問題を稲垣先生の「教育学（ペダゴジー）」への問いとして認識するとすれば、揺らぎ解体し続けた戦後教育を前にして、その現実の中に身を投げ入れた稲垣先生自身の「教育学（ペダゴジー）」もまた、激動への抗いの痕跡を刻まれることを余儀なくされてきた「曲折の軌跡」としてあったことを意味しているのではないだろうか。教育研究者の大半が、教育現実の解体に巻き込まれるように自らを解体させるか、教育学を通俗的な人道主義にすりかえ理念化して現実との距離を拡大させるか、あるいは、教育実践からひたすら逃走して身の保全に汲々とする中で、稲垣先生は、一貫して教室の現実へと向かい教師たちと連帯して、授業の事実を創造し続ける闘いを続けた稀有の教育研究者であった。実践者ならば当然のこととして覚悟すべきヴァルネラブルな（傷つきやすい）位置に身を投じ続けてこられたのである。それだけに稲垣先生の経験された「曲折の軌跡」の価値は、何にもまして貴重だと思う。

「教育学（ペダゴジー）」としての「曲折」という点で言うと、おそらく稲垣先生が意識されているのは、一つは「教授学研究の会」を舞台として「技術学」と「人間学」の「セット」としての「教授学」を追求された過程において派生した数々の軋轢と、もう一つは、「教授学」への疑いを折り返し点として推進された授業研究における「教育学（ペダゴジー）」の「無力さ」の自覚という事態であろう。前者は、斎藤喜博を中心とする「教授学研究の会」からの離脱という決断に表現され、後者は、「シリーズ『授業』」の編集過程における「教育学の非力」という痛恨に満ちた困惑に表現されている。すなわち、稲垣先生の言う「曲折」とは、教授学と教育学の存在価値における疑念という、根源的問題に対する洞察を意味していたのである。

この二つの「曲折」において重要なことは、両者の揺れにおいて提起されている問題が、一方は「技術学」と「人間学」を基盤とする「教授学」の「体系化」（＝教育学の樹立）への疑いとして成立し、もう一方は、「教育学」の存在価値を厳しく問い直す方向で提起されていることであろう。この二つは、一見すると、まったく逆の方向で揺れているように思われる。しかし、その二つの「曲折」を重ね合わせると、「教授学」という「技術の体系」への志向をいわば積極的に断念しながら、さりとて関連領域の文化や科学にも分化し還元されない、新しい「教育学（ペダゴジー）」が、そこに生成されつつあることを知ることができるだろう。

乱暴な表現になることを恐れずに言うならば、稲垣先生の学的営為と実践的行動のすべてが、先生の「教育学（ペダゴジー）」なのだと私は確信している。その「教育学（ペダゴジー）」は、伝統的な学問の範疇を越えた「見識としての学」であるために、これまでの学問の観念では明瞭には定義しえないけれども、しかし、その「見識としての学」は、教師に対して実践の論理と言説を提示しうる思索のテクノロジーとしての「教育学（ペダゴジー）」であり、稲垣先生という個人の豊富な経験とその経験を基礎とした見識として表現される「教育学（ペダゴジー）」なのである。

実際、私は、過去二七年間、稲垣先生の「曲折」のすぐ傍らで、稲垣先生の仕事に学び指導を受け協同で仕事を進める幸運に恵まれてきたが、私が何よりも学問的にも実践的にも哲学的にも啓発を受けてきたのは、実は「曲折」と言われている稲垣先生の格闘の経験そのものであり、「曲折」に対する反省を通して自らを変革され、現実とのさらなる交渉を遂行し続ける稲垣先生の軌跡そのものであった。私は、稲垣先生の研究と経験と実践と行動のすべてに、これまでにはない「教育学（ペダゴジー）」を発見したのであり、私もまた、そういう「教育学（ペダゴジー）」を私の研究と経験と実践と行動の中に構築し続けてゆきたいと考えてきた。現代日本に生きる教育研究者と教師は、自らの「教育学（ペダゴジー）」の「死と再生」を体験することなしには、教育実践を創造する論理と思想を産出することはできないのではないだろうか。このことも、稲垣先生は、その軌跡を通して鮮烈に語りかけているのだと思う。

3　教育を探究する者の倫理——ニヒリズムとシニシズムへの闘い

稲垣先生にとって授業を研究することは、教育の事実を創造する人々の苦難に満ちたいとなみを励まし援助し、その努力と連帯する実践を意味していた。事実、授業研究会の場における稲垣先生の発言は、どんなに厳しい批評の言葉にも実践者に対する共感と信頼と期待が込められていた。この教育の事実を認識し表現する実践者としての倫理と、教師との協同を推進する研究者としての倫理は、稲垣先生自身の研究に対する厳しい反省的な批評意識によって支えられていた。そこに稲垣先生の「教育学（ペダゴジー）」のもう一つの特徴を認めてよいだろう。

もう三〇年ほど前のことだが、稲垣先生の山荘を訪問して、教師を批判できない私の偽善をどう克服したらいいのかという悩みを相談したことがあった。稲垣先生は、にこやかな笑顔で悩みを聞いてくださり、「やはり、教師と一緒に仕事を進めるなら、どんなに辛くても、批判すべきときには自分をかけて批判しなければね」と、自分に言い含めるように語られたことを思い起こす。そのとき直感的に了解したのだが、稲垣先生は、教師に対する批評の言葉の根拠を自らの研究の責任において厳しく問いながら、教師との協同を実現されてきたのである。教師と研究者の育ち合う連帯が、どういう関係で実現するのかを、稲垣先生は、いくつもの経験を反芻しながら体得されてきたのである。これも一つの「教育学（ペダゴジー）」である。

事実、数え切れない教師たちが、この「教育学（ペダゴジー）」に支えられ励まされて育てられている。その関わりも、何かを教授したり指導して実践を援助するというものではなく、実践と成長の課題を教師と共有しながら、一人ひとりの労苦と悩みを理解し、そこに稲垣先生自身の成長の契機も見いだす方法で、教師を具体的に励まし援助し育てるのである。その関わりは見事と言うほかはない。そういう「教育学（ペダゴジー）」なのである。

それだけに、教育実践に背を向ける研究、実践を高所から裁断する批評、実践者に傷を負わせる研究者の態度に対する憤りも激しかった。私は、そういう稲垣先生を敬愛し、その厳しさに信頼に値する優しさを見てきた者の一人だが、教育学を専攻する研究者の中には、その憤りを理解しえなかった人も存在したに違いない。そういう研究者の存在を嘆きながらも、稲垣先生は、ヴァルネラブルな（傷つきやすい）状況に身をさらす危険を承知の上で、なおも、一人でも多くの教育研究者が教室の内側に身をおき、教師との確かな連帯を形成することを要求し続けられてきたし、そこから逃走する研究者に対しては、厳しい注文を発し続けられてきた。

この探究の倫理は、学校批判と教師批判が一挙に拡大した一九八〇年代の日本における、教育と授業に対するニヒリズムとシニシズムの拡大に対する抗いとして、いっそう明確化されたと言ってよいだろう。特に、東京大学における最後の一〇年間は、評議員、学部長、附属学校長という激務をこなし教育学部の改革を推進しながら数々の著書の編集を進められてきたが、それらの仕事は、この浸透するニヒリズムとシニシズムに対する格闘としての意味を持っていたのだと思う。この時期の仕事である「シリーズ『授業』」(全一一巻・一九九一年~九三年、岩波書店)「日本の教師」(全二四巻・一九九三年~九五年、ぎょうせい)『日本の教師文化』(一九九三年、東京大学出版会)を通読するならば、こういう時代の教育の苦悶を教師たちの内側の世界で共有しながら学校を救出し教室を蘇生へと導いてゆく、稲垣先生の疲れることを知らない挑戦の意志をかいま見ることができるだろう。

稲垣先生は、滋賀大学への転任が決定する前から、東京大学を定年退職した後は、教員養成学部のある大学において教師教育の仕事に従事したいという意志を固められていた。「もう一度初心にもどって教師教育の場所で学び直したい」という願いと「教師を論じてきた以上、教師教育の責任をもう一度はたしたい」という願いが、この決意に導いたと言われていた。ここにも、教育に対する倫理を意味する稲垣先生の「教育学(ペダゴジー)」が表現されている。

さらに、稲垣先生の「教育学(ペダゴジー)」を理解する上で、「教育実践の構造と教師の役割」(一九六一年)と「授業の事例研究と教育研究」(「シリーズ・授業」別巻『授業の世界』、一九九三年、岩波書店)が、いずれも、授業研究を通して教職の専門性と自律性を樹立することを主題としていることは象徴的と言えよう。二つの論文の間には、三〇年間の歳月が刻まれているのだが、その主題は、どこまでも一貫している。「教育実践の構造と教師の役割」(岩波講座『現代教育学』(第一八巻)教師』)はわが国で最初に「専門家としての教師」という概念を理論的に提示した論文である。同講座の他の論文にも反映しているように、当時は「教師=労働者」という議論が教育界を席巻しており、この論文に対しても、執筆者の研究会において批判が続出したと言う。その同じ主題が、「授業の事例研究と教育研究」において、戦後日本の教育研究と授業研究の展開を反省的に総括しつつ再び提出されている。ここに示されている稲垣先生の見識とその一貫性に支えられた三〇年間の経験こそ、私たちが学ぶべき稲垣先生の「教育学（ペダゴジー）」なのである。

4　後を継ぐ者の一人として

最後に、稲垣先生の教えを受けた者の一人として、個人として師を語ることを許してもらおう。私の仕事を知る誰もがよく語るように、稲垣先生を師とし同僚とし同志として教育研究の道を歩んでこられた私は、幸福である。その一言に尽きる。よき師に恵まれること、よき師に学び続けながら連帯できること、よき師の仕事を尊敬し協同できること、よき師に自らの仕事を尊重され励まされること、よき師と志を一つにし個性を尊重し合って協同できること、師弟関係において、これほどの幸せはない。

三八年前、東京大学大学院への進学を決意したのは、稲垣先生の『明治教授理論史研究』を学生の時に読んだ感動からであり、教育研究者としての道を進んできたのも、稲垣先生の研究と実践に憧れを抱き続けてきたからである。個人的には、学問においても人生においても教育においても、いくつもの挫折と屈折を体験してきた私だが、ここまで歩んでこられたのは、稲垣先生が、いつも私の傍らにいて励ましてくださったからである。私と同じような思いは、稲垣先生の指導を受けた多くの弟子が共有していると断言してよいだろう。

思えば、私は、あまりに稲垣先生の身近で仕事をしてきたために、稲垣先生の仕事の全体から総合的系統的に学び尽くすことを怠っていたし、私自身の仕事のかなりの部分が、表現の仕方を異にしながらも、稲垣先生によって数十年も前に開拓されていたことを十分には認識していなかった。稲垣先生の論文を改めて通読したとき、最初に痛感したのは、その反省である。

しかし、いっそう衝撃的だったのは、稲垣先生の授業研究の歩みが、それ自体、戦後六五年の教育と授業の歴史を構造的に濃縮しているという事実だった。授業という具体的でミクロな世界を対象とする探究の中に、戦後史というマクロな構造が埋め込まれてきたのである。

このことは、稲垣先生の授業研究が、変動の激しい戦後の社会と教育の心臓部に肉迫する努力として展開してきたことを意味している。稲垣先生の教育研究の方法論を簡潔に表現するならば、「事例研究」と「歴史研究」と「比較研究」を交錯させて、授業実践の歴史的、社会的、文化的特徴を構造的に解明するまなざしにあると言ってよいだろうが、その三つの方法は、いずれも、戦後の激動する社会と教育において価値と力が拮抗しせめぎ合う心臓部に向けられていたと言ってよいだろう。稲垣先生の授業研究の思想は、文字どおり根源的（ラディカル）である。

そして今日、学校の制度疲労が叫ばれ教育の私事化と市場化への道が拡大する状況において、稲垣先生の授業研究の歩みを継承することは、ますます難しい企てになっているように思われる。しかし、教室で授業の事実を共有し実践者と共に学びながら歩み続けるならば、どんなに教育の危機が深刻であり数々の困難があろうとも、教室の実践には絶えず具体的な課題があるのであり、教育の実践を支える確かな見識は絶えず求められている。私自身、稲垣先生の一途な授業研究の足跡を学び続けながら、授業の創造に挑戦し続ける見識を探究し続けたいと思う。その実践者としての知的いとなみこそ、稲垣先生の仕事を継承する者が探究すべき「教育学（ペダゴジー）」なのである。

［補記］稲垣忠彦先生は、二〇一一年八月一八日永眠された。享年七九歳。

5 死者の祀りとしての「私」

——宮澤賢治の言葉と身体

1 「私」という現象

近代の作家のなかで、宮澤賢治ほど透明な言葉で「私」という一人称を記した者はいない。賢治の「私」は日本人の自我の深層に根ざし、しかも、それを相対化してしまう透明な装置として今なお新鮮である。

賢治の「私」の出所を探れば、この主題の意義は明瞭だろう。わが国の文学者たちが私小説という独自の形式を通してかろうじて成立させた近代的自我とはまったく別の場所で、賢治の「私」は成立し、近代的自我の表層性を破砕している。私小説の近代的自我どころか、賢治の「私」は、近代の主体そのものの表層性を切り崩す言語として成立していたと言ってもよいだろう。賢治の「私」を貫いている透明感は、その鋭利な刃が照らし出す光の所産なのである。

わたくしといふ現象は
仮定された有機交流電燈の
ひとつの青い照明です

（あらゆる透明な幽霊の複合体）
風景やみんなといっしょに
せはしくせはしく明滅しながら
いかにもたしかにともりつづける
因果交流電燈の
ひとつの青い照明です
（ひかりはたもち　その電燈は失はれ）

（『春と修羅』「序」一九二四年）

この一節を読んだ者は、「わたくし」が「幽霊の複合体」であるという言明に度胆を抜かれるだろう。「わたくし」という主体（「仮定された有機交流電燈」）は、森羅万象が交錯する宇宙（「因果交流電燈」）の「現象」であり、宇宙のエネルギーの「交流」がもたらす「ひとつの青い照明」である。昼と夜、光と影、存在と虚無、生と死、意識と無意識、此岸と彼岸が「せはしくせはしく明滅しながら」析出される「わたくし」という「現象」は、心象（ひかり）は保ちながらも身体（電燈）を喪失しており、「透明な幽霊の複合体」として危うく存在するほかはない。賢治は、まるで死者のようなまなざしで「わたくし」を叙述しているのである。

「序」は、この一節に続けて「すべてがわたくしの中のみんなであるやうに／みんなのおのおののなかのすべてです」という独特なコスモロジーを記している。この「みんな」とは「人」だけでなく「銀河や修羅や海胆《うに》」など「宇宙塵」を食べるものすべてであり、「心象スケッチ」として現出する「けしき」の「すべて」である。万物と生々しい交感を行う「私」の中に「すべて」は「現象」すると同時に、その「私」は「すべて」の現象の中に遍在するというのである。

このように、賢治の「私」は、一切の制約を断ち切って内面へと沈潜する私小説の自我とは異質の場所で成立している。その特異性をいくつかの点にわたって指摘しておこう。

まず、賢治の「私」は「現象」であり一つの仮象であって「実体」ではなかった。この「私」は「第四次延長」と呼ばれた宇宙の「心理学」にもとづいており、「ひとつの風物」の「心象スケッチ」として「私」を認識する方法を必要としていた。「種山ケ原」の先駆形（一九二五年）の次の一節は、この「私」の拡張性を表現しており、身体と自然とが一つの流動体のように混じり合い交感するさまを示している。

ああ何もかももうみんな透明だ
雲が風と水と虚空と光と核の塵とでなりたつときに
風も水も地殻もまたわたくしもそれとひとしく組成され
じつにわたくしは水や風やそれらの核の一部分で
それをわたくしが感ずることは水や光や風ぜんたいがわたくしなのだ

この「私」の無限の拡張性は主体の身体に生々しい生命力をもたらすと同時に、「宇宙の塵」として拡散し離散する燃えるような「死」のイメージとも結びついていた。このどこまでも拡張してすべてと繋がる「私」が、自律的に完結した個として「私」を佇立させる近代の主体とは異質の場所で成立していることは明瞭である。

たとえば、賢治の「私」は、二人称との関わりを前提としない一人称であった。賢治は多くの人々と親密な交流を結んだが、二人称としての「おまへ」は、最愛の妹「とし子」（トシ）を除けば、コミュニケーションとしての体をなしてはいなかった。賢治は「郵便」や「鉄道」という通信や交通の手段に異様なまでの関心を抱き続けたが、賢治のコミュニケーションの媒体の中心が「書簡」であった点にも注意する必要がある。

実際、賢治の世間との関わりは不器用を越えて滑稽の域に達している。「ほんたうの百姓」になることを誓って設立した羅須地人協会で始めた花売りでも、リヤカーで町に繰り出してはいるものの、一本も売れないどころかタダで配ってしまう始末である。自然の風物との豊穣な繋がりを生きた賢治の身体は、世の中の人との関係においてはことごとくすれ違っていた。世間知らずの愉快な変人だったのである。そして賢治は、身近な家族や隣人よりも何億光年も離れた遥か遠くの星に親近感を抱いた最初の日本人となった。

このような賢治の「私」は、日本語の「私」の特徴を照らし出す鏡である。たとえば、これまで、日本人の個性や主体性が欠落している原因として、「あなた」と「私」の関係が自律的に機能しない日本語の問題がいつも指摘されてきた。二人称に従属して一人称が確定する日本語の構造が、「経験」や「個性」の自律的な形成をはばんだというのである（森有正、一九九三）。しかし、賢治の「私」は、このような人称関係の分析では説明のしようがない。「あらゆる透明な幽霊の複合体」という賢治の「私」の定義には、日本語の「私」の独自性に関する重要な洞察が込められていると思うのである。

日本語の「私」の特徴の一つは、「私」という言葉の複数形（私たち）がそのまま一人称複数を表現していることであろう。英語の一人称単数（I）と一人称複数（we）のような「私」（個人）と「私たち」（共同体）との明瞭な境界線を日本語の「私」は持っていない。英語で（we）と表現されたときには、その（we）が聞き手を含む（we）なのか、聞き手を除外した（we）なのかが絶えず峻別されているのだが、日本語の「私たち」はそのような煩雑な作業を必要としていない。「私」と「私たち」との境界は曖昧に連続しており、英語の（we）のように意識的に隔てられ対象化されることはないのである。

この点に触れて、イヴァン・イリッチとの『ABC』（一九九一年）の共著者で知られるベアリー・サンダースは、最近の著作で、「私」の複数形で「私たち」を表現するユーラシア北部や東南アジアの少数の言語における「私たち」が、祖先崇拝の信仰を基盤として「死者」を含んだ概念として成立していることに注意を喚起している。英語や独語や仏語における「私」が二人称との対象関係（市民社会）において析出された概念であるとするならば、日本語の

「私」は「死者たち」（共同体の歴史）を内側に組み込んで成立した「私」なのである。

賢治が「わたくしといふ現象」を仮象と呼び、「あらゆる透明な幽霊の複合体」として説明したのは、「私」という日本語の古層に横たわる心性を洞察したものと言ってよいだろう。死者の祀りとしての「私」である。透明な死者たちの祀りとして現象する「私」は、失われた「電燈」（伝統）のもとで蛍のように明滅する微細な光として自らを表現するほかはないが、「たしかにともりつづける」光（意識）なのであり、その「かげとひかりのひとくさり」こそ「私」という現象にほかならないと、賢治は宣言したのである。

日本語の「私」のもう一つの特徴は、「公私」における「私」が一人称を表していることだろう。英語の「I」や中国語の「我」は「私事性」を意味してはいないのに対して、日本語の「私」は「公私」の関係を含んで機能している。一人称を意味する「わたし」は室町時代に登場したと言われているが、それ以前の「わたし」は「おほやけ」の反対語であり、密やか（『古事記』）で個人的な内輪ごと（『源氏物語』）を意味する言葉であったと言う（溝口、一九九六）。

この「公」に従属して成立した「私」は、控え目な美徳を生み出す一方で、無制限なエゴイズムの温床にもなった。「公」（上位）と「私」（下位）の関係は相対的であり、大きな「公」である「社会」に対して「家族」や「学閥」や「会社」は「身内」としてエゴを貫徹し、もっと大きな「公」である「世界」に対しても「日本」という「身内」はエゴを貫徹し続けてきた。そこには自律した個人（主体）も、自律した個々人が創り出す公共空間も、その両者を統制する原理も存在しようがないのである。

賢治は、この「公（みんな）」と「私（ひとり）」の関係を、法華経の「法則」によって原理的に構成しようとした。森羅万象を統括する法華経の「法則」においては「国家」も「社会」も「私」も、風や雨や木々の芽生えと同等の「現象」として相対化されていた。賢治において「みんな」は人だけではなく木々や動物や風や水も含み、「私」は

「みんな＝公」の中に連続的に溶解している。賢治がしばしば自己犠牲の聖人として誤解されてきたのは、この「公」と「私」の連続し循環する関係が認識されてこなかったからだろう。

さらに、私小説の「私」が近代的自我としての単一性を志向したのに対して、賢治の「私」は自我の複数性を志向していた点も重要である。一人称の複数性は日本語の特徴の一つであるが、賢治は、それを自覚化することによって、私小説とは異なる近代化の道を探求したと言ってもよい。その格闘の跡は、書簡における一人称の複数性と文体の多様性に見ることができる。「小生」「私（わたし、わたくし）」「僕」「俺」という一人称の複数性は、相手との精神的な距離を表現しており、その一人称に即して「候文」の文体、「です・ます」の文体、口語の文体、カタカナ文などが書き分けられている。たとえば、父政次郎との書簡は、一九二一年を前後して「小生」を一人称とする「候文」から「私」を一人称とする「です・ます」文へと移行しているし、親友、保阪嘉内との書簡は、「私」を一人称とする「です・ます」文を基本としながらも、ときどきの話題や関係を反映して「僕」と「俺」の「口語文」や「小生」の「候文」が入り乱れている。

表現様式の複数性も賢治の言語の複数性の表れと言えよう。短歌から開始された創作活動は、童話、口語詩、文語詩、戯曲、歌曲へと拡大し、同一のテーマでも異なる様式で表現する挑戦をくり返している。言語それ自体の複数性も興味深い。標準語文体の底には濃密な方言の世界があり、英語や独語やロシア語や西域の仏教語や自然科学の学術語やエスペラント語が輻輳して混在している。言語のジャンルも複数的である。地質学や天文学や生物学や農学の言語、『古事記』の言語やアイヌの言語、法華経やキリスト教の宗教の言語、童話の言語などが、ジャンルを越えて混淆している。

言語空間も複合化されていた。「イーハトーブ」という「異界」は「一瞬にして氷雲の上に飛躍し大循環の風を従へて北に旅する事もあれば、赤い花杯の下を行く蟻と語ることもできる」場所であり、アンデルセン童話の主人公たちやトルストイのイワンや不思議の国のアリスたちと、ジョバンニやカムパネルラやグスコーブドリや風の又三郎やよだかの星や山猫やフランドル農学校の豚たちが一緒に暮らす場所であった。

2　死と再生——「青」のイメージ

賢治の「私」は、絶えず死者のまなざしにさらされていた。この死者は日常の潜みに隠れているが、無意識の中から突如として現出する。すでに一四歳の賢治は、そのまなざしを背後に感じとっていた。

うしろよりにらむものありうしろよりわれらをにらむ青きものあり

この短歌の凄みは、ただ一字の漢字で記された「青」のイメージだろう。この「青」で表象される死のイメージは、一九一八年、賢治が二二歳のときに固着したと言ってよい。徴兵検査で結核と診断され、その直後に肋膜炎を患った賢治は、友人にあと一五年の寿命だと語ったという。この結核という身体の病の影響についてはこれまで多く語られてきたが、戦争という文明の病と賢治の作品との関わりは、それに劣らず重要である。一九一八年は第一次大戦が終結した年である。未曽有の大量殺戮というジェノサイドの現実は賢治を戦慄させたに違いない。徴兵検査の直前の断章「復活の前」には「戦が始まる、ここから三里の間は生物のかげを失くして進めとの命令がでた。私は剣で沼の中や便所にかくれて手を合せる老人や女をズブリズブリとさし殺し高く叫び泣きながらかけ足をする」と記されている。しかし、賢治は反戦論者ではなかった。徴兵検査にせよ後のシベリア出兵（一九二二年）にせよ、健康体ならば進んで志願する意志を抱いていた。「戦争とか病気とか学校も家も山も雪もみな均しき一心の現象」（政次郎への書簡、一九一八年）と認識するのが法華経の道と信じていたからである。しかし、殺す者＝侵略者の立場で戦争への関わりを意識した賢治の心象の中には、その負荷として、おびだたしい死者が亡霊として棲まうものとなった。

私の世界に黒い河が速にながれ、沢山の死人と青い生きた人とがながれを下って行きまする。青人は長い手を出して烈しくもがきますがながれて行きます。青人は長い長い手をのばし前に流れる人の足をつかみました。また髪の毛をつかみその人を溺らして自分は前に進みました。あるものは怒りに身をむしり早やそのなかばを食ひました。溺れるものの怒りは黒い鉄の瓦斯となりその横を泳ぎ行くものをつつみます。流れる人が私かどうかはまだよくわかりませんがとにかくそのとほりに感じます。

（保阪嘉内への書簡、一九一八年）

賢治の心象の中を流れる夥しい死者の群れ、同年、賢治はこの死者のイメージを短歌の連作「青人のながれ」において表現するが、この「青人」こそ賢治の「私」をかたちづくった「修羅」の原型であろう。

ああこはいづちの河のけしきぞや人と死びととむれながれたり
あるときは青きうでもてむしりあふ流れのなかの青き亡者ら
肩せなか喰みつくされしにびとのよみがへり来ていかりなげきし
青じろく流るる川のその岸にうちあげられし死人のむれ
あたまのみひとをはなれてはぎしりし白きながれをよぎり行くなり

この「河」では「死人」も「亡者」である。「死人」は蘇生し「青人」となって怒り嘆きながら食い合って「死人」となる。賢治が「青人」（修羅）の中に身をおいているのは、最後の一句で明らかである。同年に創作された文語詩「ながれたり」は、同じ情景を「青ざめし人と屍／数もしら／水にもまれてくだり行く／水いろの水と屍／数もしら」とうたっているが、この青の情景は、修羅の意識へと賢治を導くものとなった。

「修羅」を表象する「青」は、賢治にとっては極限にまで高じた憤りを表象する色でもある。二年後、保阪嘉内へ宛てた手紙には次のような一節がある。

いかりがかっと燃えて身体は酒精に入った様な気がします。机へ座って誰かの物を言うのを思いだしながら急に身体全体で机をなぐりつけそうになります。いかりは赤く見えます。あまり強いときはいかりの光が滋くなって却て水の様に感ぜられます。遂には真青に見えます。

（一九二〇年）

これに続けて賢治は「かなしみはちからに、欲《ほ》りはいつくしみに、いかりは知慧にみちびかるべし」という祈りの言葉を記しているが、この「哀しみ」「欲望」「憤り」の救済を渇望して彼は、本格的な創作行為を開始したのである。賢治の創作行為が、生命を謳歌する欲望ではなく、死に向かうデモニッシュ（魔的）な欲望を根源としていたことは重要である。賢治の作品には、ロマン主義やヒューマニズムを破砕する仕掛けが埋め込まれていた。「よだかの星」は悲劇ではなく転生における恍惚のドラマだし、グスコーブドリもカムパネルラも憧憬の中で生命を燃焼させている。その死への欲望（タナトス）は「修羅」の身体において生（エロス）をまばゆいまでに燃焼させるのだが、そのエロスも「宇宙の微塵」である「星」への憧憬というタナトスの危険な暗喩の中に解消されている。「私」を析出し構成し続ける身体と、その「私」を解体し燃焼させ続ける身体、宮澤賢治は、この二つに切り裂かれた身体を生きた詩人であった。

賢治は、死と向き合うたびに「狂人」となって「私」を解体し、その裂け目を埋める言葉を生み出していった。「転生」と「新生」を希求した賢治は、詩と文学の言葉が「生」と「死」の中間領域（「中有《ちゅうう》」）に生まれることを誰よりも理解していた。

事実、賢治は六歳の時に赤痢に苦しんで九死に一生をえて以降も、病死の危機に襲われ続けている。一八歳で肥厚性鼻炎の手術で入院、二二歳の徴兵検査では肺結核の診断を受けた後に肋膜炎で入院、さらに三二歳で過労と栄養失調のために入院した後に急性肺炎となって、三七歳まで肺結核の病に苦しみ続けている。賢治の創作行為は、たえず死の予兆と隣接していとなまれたのである。

そして「青人」のイメージが消滅すると、賢治の創作行為は無限の推敲行為へと移行している。賢治の作品群は短期間に爆発的に誕生したのである。特に、突如上京して国柱会の活動に携わった一九二一年（二五歳）の一月から「トシ　ビョウキ　スグ　カヘレ」の電文を受けて帰郷した九月まではもっとも旺盛な創作活動が展開した時期であり、「大きなトランク」一杯の原稿を見せて「一カ月に三千枚も書いたときには、原稿用紙から字が飛び出して、そこらあたりを飛びまわったもんだ」と話していたと言う（宮澤清六『兄のトランク』筑摩書房、一九八七年）。この創作の嵐はトシの死による中断をはさんで羅須地人協会を起こす一九二六年（三〇歳）頃まで続いている。この約五年間は、賢治が「修羅」としての「私」を生きた期間であった。

「青人」という「修羅」となって「かげとひかりのひとくさりづつ」を身体の言葉として紡ぎだした賢治は、日本古来の「物語」の伝統を継承していた。西行や芭蕉が「もの（霊）」に誘われる旅をとおして詩的世界を構築したように、賢治も山や森を徘徊しては風が運ぶ「モノ（霊）」の語りに耳をすまして、その言葉をスケッチのように書き留めていった。『注文の多い料理店』（一九二四年）の「序」は「これらのわたくしのおはなしは、みんな林や野はらや鉄道線路やらで、虹や月あかりからもらってきたのです」と記している。

この「モノ語り」という賢治の方法は、東北地方の口寄せ巫女やイタコの語りや謡曲の「諸国一見の僧」の語りと連続している（川村、一九九六）。折口信夫の言う「ものとは、霊の義である。霊界の存在が、人の口に託して、語るが故に、ものがたりなのだ」（「大和時代の文学」『折口信夫全集』八、中央公論社、一九六六年）という「物語」の定義は、賢治の方法にも共通していた。その語り手を賢治は「修羅」としての「私」に見いだしたのである。

3　ひき裂かれる修羅の身体

「春と修羅」の次の一節は、「おれ」という一人称で煩悶に身を焦がし荒野を往来する「修羅」としての自己像を歌い上げている。

いかりのにがさまた青さ
四月の気層のひかりの底を
唾《つばき》し　はぎしりゆききする
おれはひとりの修羅なのだ

また、次のようにも歌う。

　まことのことばはうしなはれ
　雲はちぎれてそらをとぶ
ああかがやきの四月の底を
はぎしり燃えてゆききする
おれはひとりの修羅なのだ

ときは春。生命あるものすべてが神々しい輝きを交響させる季節であるが、「いちめんのいちめんの諂曲《てんごく》（へつらい）模様」と記されたように、「修羅」にとっては生命の激しさゆえに運命の不条理に憤り性の煩悶にのたうちまわる季節でもある。「すべて二重の風景」なのである。かつて「青人」の「河」に譬えられた心象の世界は、ここでは、「かがやきの四月」の海流のような「気層」の「底」を生きる「修羅」の世界として描かれている。

「修羅」とは六道（地獄・餓鬼・畜生・修羅・人・天）の一つであり、憤りと侮りと愚かさの業によって大海に沈められ帝釈天との闘争を宿命づけられた悪神である。この「修羅」という自己意識は妹トシとの危うい関係をぬきにしては生まれなかっただろう。賢治の妹はトシの他にもシゲがいたし恋愛のきざしは他の女性との間にも認められるが、大和言葉の「いも（妹）」に通じる女性は「とし子」以外には存在しなかった。「人間の世界の修羅の成仏」の道を探り合った点で、賢治とトシは誰とも交換不能な関係を結んでいたのである。「とし子」も同様である。「幾本かの小さな木片で／HELLと書きそれをLOVEとなほし／ひとつの十字架をたてる」（「オホーツク挽歌」）と回想されるトシの姿は、「修羅」の意識を「とし子」も共有していたことを暗示している。

そのトシの「死」（一九二二年一一月二七日）によって「修羅」の言葉はいっそうせつなく響きわたっている。宗教上の無二の同志であり最愛の女性である「とし子」を失って「〈青ぐらい修羅〉を歩いた私」（「無声慟哭」）は、翌年、学生の就職の斡旋のため樺太へと旅行して、さまよえるトシの霊を鎮魂し、自らをも慰藉する言葉を探し求めている。「風のきれぎれのものがたり」を紡ぎながらトシの「転生」と「新生」を見届ける旅であり、同時に、賢治自身の「死と再生」の旅でもあった。

この「死と再生」の舞台は「青森」と「オホーツク」でなければならなかった。トシの頬を象徴していたりんごのイメージが青森に似つかわしかっただけではない。賢治の北方文化への趣向やトシの最期の言葉（「あめゆじゆとてちてけんじや」）の雪のイメージが北へと誘ったからだけでもない。トシの「新生」を「二疋の大きな白い鳥」（「白い鳥」）に見て、その後を追うように汽車に乗り込んだ賢治は、「青森」と「オホーツク」の光景の中に相聞の歌を織り込んでいる。「青森挽歌」は「青」（死者）の「森」（群れ）における挽歌である。夜の鉄道の旅は死者への哀悼を切々たるものにしただろう。汽車という乗り物は、外部の風景が走り去るような奇妙な心理的トリックで、私たちの時空の意識を混濁させてしまう。賢治もまた、夜の車窓のまどろみの中で、トシの死と死後の連続性＝四有《しう》（生有、本有、死有、中有）を確かめたに違いない。

ところが、その確信を乱してしまうのが「私」という一人称につられて発せられる「おまへ」という二人称、あるいは「おれ」という一人称につられて発せられる「あいつ」という三人称の「とし子」である。もはや不在を示す符牒でしかない「おまへ」や「あいつ」は、またしても賢治の身体に深い亀裂を走らせ、「転生」したはずの「とし子」を呼び戻してしまう。その結果、「青森挽歌」はついに漢字（意味）を最小限にとどめたひらがな（音）へと導かれ、「オホーツク挽歌」の「噴火湾（ノクターン）」では、次のような慟哭の言葉で沈黙の中に溶解せざるをえないのである。そうして初めて、トシの「死」が「死」として受け入れられたのである。

ああ何べん理智が教へても
私のさびしさはなほらない
わたくしの感じないちがった空間に
いままでここにあった現象がうつる
それはあんまりさびしいことだ
　（そのさびしいものを死といふのだ）
たとへそのちがったきらびやかな空間で
とし子がしづかにわらはうと
わたくしのかなしみにいぢけた感情は
どうしてもどこかにかくされたとし子をおもふ

トシの「転生」と「新生」を祈る賢治は「とし子」という固有名詞を消さねばならなかった。しかし、どうして賢治に「とし子」の名を消すことができよう。いくら「みんなむかしからのきやうだいなのだから／けっしてひとりをいのってはいけない」と自らをさとし、「わたくしはただの一どたりと／あいつだけがいいとこに行けばいいと／さういのりはしなかったとおもひます」と「青森挽歌」を締めくくろうとも、一〇日後の「噴火湾（ノクターン）」では「かくされたとし子」への恋慕を隠してはいない。このトラウマが、「ひとり」を軸として世界を構成してきた賢治を「みんな」を軸とする思考へと変貌させたのではないだろうか。

ところで、イニシエーション（死と再生）の技法として旅が有効なのは、出発前には内部に沈潜していた自分という存在を、帰還後には、外部から「現象」として認識することができるからである。「私」という「存在」を「現象」へと置き換える回路がそこにはある。こうして『春と修羅』の「序」における「わたくしといふ現象」の解明は、「とし子」と「私」の関わりのすべてを弔った北方への旅を通して達成されたのである。

4　表現する修羅の身体

『春と修羅』と『注文の多い料理店』は、いずれも「心象スケッチ」と呼ばれる独自の方法、すなわち「修羅」の身体をとおしてモノの語りを書き留めてゆく方法で創作されている。「修羅」の身体は、憧れや哀しみや憤りに身を焦がし、ありとあらゆるモノと生々しく交感する少年のような身体である。言葉が言葉として結晶する感覚を血液のように流している身体であると言ってもよい。この「修羅」の身体は、たとえば「雪渡り」の次の書き出しのような言語世界をいとも容易に生み出してくれる。

雪がすっかり凍って大理石よりも堅くなり、空も冷たい滑らかな青い石の板で出来ているらしいのです。

「堅雪かんこ、しみ雪しんこ。」

「大理石」の結晶のように凍結した雪の原は、「青い石の板」のような空の冷たさと滑らかさを背景として、「堅雪かんこ、しみ雪しんこ」という幼子の温かな声までも凍結し、その柔らかな声の響きを鉱物の輝きのように冷たく結晶させている。このような世界は、言葉が身体感覚から離脱していない子どもの心象の中で体験される世界であり、そうであればこそ、「四郎」と「かん子」の発する「堅雪かんこ、しみ雪しんこ」という呪文のような言葉は「子狐の紺三郎」との愉しい交歓を可能にするのである。「子狐の紺三郎」がいみじくも指摘しているように、賢治の「幻灯会」には一二歳以上は「お断り」なのである。

もちろん、「心象スケッチ」という方法は大人にも魅惑的な方法である。たとえば「サガレンと八月」の次の一節のようにである。

向ふの海が孔雀石いろと暗い藍いろと縞になっているその堺のあたりでどうもすきとほった風どもが波のために少しゆれながらぐるっと集って私からとって行ったきれぎれの語を丁度ぼろぼろになった地図を組み合せる時のやうに息をこらしてぢっと見つめながらいろいろにはぎ合わせているのをちらっと私は見ました。

「サガレン（樺太）」の海の光景と二重うつしに、深い哀しみの中で解体された言葉のきれはしが風と波のうねりの循環の中で再び織り合わされてゆくさまはみごとである。この豊穣な表現力は文学的な修辞学に由来しているのではなく、「修羅」の身体が生み出す風景と自然との生々しい交感に由来しており、そこに賢治は言葉が言葉として生成される基礎を見いだしていた。私自身、異国の地で『春と修羅』を読んで、その日本語の生々しさに驚嘆した経験を持っているが、賢治は、シベリアという「異国」を展望する「サガレン（樺太）」を日本語の聖地として認識していたのだろう。実際、ほとんど無名で過ごした賢治であったが、生前出版した二冊の本（『春と修羅』と『注文の多い料理店』）は、外地や戦地において読者を獲得していたという。「修羅」としての「私」は、日本という見えない制度から「私」の身体をひきはがす装置でもあった。

5 霧散する「私」

しかし、ひるがえって賢治は、「修羅」としての「私」を生き続けただろうか。「修羅」という自己規定や「修羅」の身体から言葉を紡ぎ出す方法は、花巻農学校の教師を離職して羅須地人協会の活動に没頭した一九二六年頃から、すなわち「ほんたうの百姓」になる道を選択してからは次第に影を潜め、東北砕石工場の仕事に没頭する一九三一年頃からは消滅しているように思われる。少なくとも「普通の農業労働は私には耐へ難い」（保阪嘉内への書簡、一九一九年）と述べていた賢治から「ほんたうの百姓になろう」とする賢治への変化は明らかだし、「決シテイカラズ」と「デクノボー」の「ワタシ」を宣言する菩薩界の賢治が、修羅界を生きた賢治ではないことも明瞭だろう。賢治の「私」は、「ほんたうの百姓」を礼賛した「農民芸術概論」の講義（一九二六年）において「修羅」から離脱し、東北砕石工場での仕事を通して「菩薩」の身体へと変容したのではないだろうか。その変貌の証は「私」の複数性の消滅にある。

賢治の「私」の複数性は、「すべてがわたくしの中のみんなであるやうに／みんなのおのおののなかのすべてですから」と謳われたコスモロジーを基盤としていた。このコスモロジーの特徴は、中心がいたるところに遍在しそれぞれが合わさって一つのコスモロジーを構成すると同時に、一つひとつがそれぞれ独自にコスモロジーを構成している点にあった。この複数的に遍在するコスモロジーにおいて「すべてわたくしと明滅し／みんなが同時に感ずるもの」として「私」という「青い照明」が記されていたのである。

しかし、「農民芸術概論綱要」（一九二六年）で謳われた「世界がぜんたい幸福にならないうちは個人の幸福はあり得ない」という有名な宣言は、中心を普遍的に設定し「みんな」を「ひとり」に優先させている。この「綱要」はナショナリズムへの直接的な偏向を避けてはいるものの、芸術と科学と労働を一元化し労働を美学化した点において普遍主義と全体主義への志向を含み持っていることは否めない。農業も中心を一元化している。賢治の描き出す農業は、アイヌの労働との連続性も意識して稲作りを中心としてはいなかったのだが、「グスコーブドリの伝記」では「オリザ（稲）」が中心の作物となり「（あそこの田はねえ）」においては稲作が特権化されている。

もう一度、賢治の「私」の複数性の意義を確認しておこう。そもそも「異界」としての「イーハトーブ」は、政治や経済を媒介させないで自在に往来し文化を混淆できる聖地であった。「サガレン（樺太）」への異様な関心も、そこが東北の起源に繋がりながらアジアの西域や西洋へと連結する要所として意識されたからである。賢治が樺太へと旅した一九二三年は、連絡航路を含めると上野から樺太の栄浜までの鉄道が全通した年であった。現在では信じがたいことだが、すでに一九一二年には上野駅から樺太を経由しウラジオストックで乗り換える「東京発・シベリア鉄道直結便」として「モスクワ行」「パリ行」の「国際寝台列車」が開通していたのである。

そういえば、「注文の多い料理店」は、「ロシア式」の西洋料理店で「イギリスの兵隊のかたち」をした紳士に「山猫」が襲いかかる話であった。賢治においては、日本語も脱中心化されていた。「どんぐりと山猫」において一郎と山猫とを隔てていたのは〈国語〉の能力であり、一郎の発する〈国語〉は、山猫の嫌った「とびど（う）ぐ」やどんぐりたちを制圧していた馬車別当の「革鞭」を超える力を発揮するものとして描かれていた。賢治の一連の作品は、西成彦が『森のゲリラ　宮沢賢治』（岩波書店、一九九七年）において喝破したように「植民地文学」として読み直される必要がある。

賢治の「私」の複数性は、日本文化の複合性も表現していた。縄文文化と弥生文化、アイヌ文化と大和文化、農民文化と山人文化、穀物の文化と酪農の文化、さらに標準語、方言、アイヌ語、英語、独語、イタリア語、ロシア語、サンスクリット語、エスペラント語などの言語の複合性は、異文化混淆の言語の可能性を表現しているし、短歌、口語詩、文語詩、童話、戯曲、歌曲などの様式で表現された作品群は、日本語表現の複合性と多層性を開示していた。

とすれば、中心点を〈ひとり〉から〈みんな〉へと移行させた「農民芸術概論綱要」以後の賢治をどう理解すればいいのだろうか。「農民芸術概論綱要」は、シュペングラーやモリスらの「西洋の没落」に通ずるオリエンタリズムに立脚して準備されており、「自我の意識は個人から集団社会宇宙と次第に進化する」という直線的な進化論は、帝国主義の中心化を推進する論理を提供している。そして語られるのが「まづもろともにかがやく宇宙の微塵となりて無方の空にちらばらう」という身体なき透明な主体への願望である。

それにしても、東北砕石工場において、石灰岩の採掘の技術指導と販売に献身した賢治を語るのは辛い。なぜ、あれほどまで身を減らして死へと突進しなければならなかったのか。経営者である鈴木東蔵に宛てた数多くの書簡は、すべて「候文」で記された営業の文書であり、「私」を主格とする内面の言葉を賢治は一言も記していない。しかも賢治の年収の六〇〇円は、父政次郎が賢治の就業のために密かに鈴木東蔵に託した金であった。

石灰岩による土壌の改良は、肥料代を工面できない東北の農民にとって確かに最良の方法であった。しかし、それだけではないだろう。石灰岩は古代の藻、有孔虫、貝類、サンゴなどの生物の骨や殻が凝固した岩石であり、いわば生命の痕跡を凝縮した屍である。石灰岩による土壌改良は「死体」を「転生」する宗教的実践ではなかったか。賢治自身、自らの身体を過酷に燃焼させて「宇宙の微塵」としての「石灰岩」へと「転生」したのである。この賢治の歩みを、「死者」を抹消して「私」を宙づりにしてきた近代以降の日本人の歴史と重ね合わせるとき、その挫折の軌跡から学ぶものはあまりにも大きい。

引用文献

『新校本・宮澤賢治全集』（全一六巻・別巻一・全一九冊、二〇〇九年三月、筑摩書房）。

参考文献

イリッチ、イヴァンほか、一九九一、『ＡＢＣ』、岩波書店。
川村邦光、一九九六、『民俗空間の近代』、情況出版。
溝口雄三、一九九六、『公私』、三省堂。
森有正、一九九三、『経験と思想』、岩波書店。

初出一覧

第Ⅰ部

1章　栗原彬・小森陽一・佐藤学・吉見俊哉『内破する知――身体・言葉・権力を編みなおす』（東京大学出版会、二〇〇〇年）。

2章　栗原彬・小森陽一・佐藤学・吉見俊哉『越境する知4　装置：壊し築く』（東京大学出版会、二〇〇〇年）。

3章　「リテラシーの概念とその再定義」『教育学研究』（日本教育学会）七〇巻三号、二―一〇頁、二〇〇三年九月。

4章　「公共圏の政治学――両大戦間のデューイ」『思想』（岩波書店）九〇七号、一八―四〇頁、二〇〇〇年一月。

5章　「学校再生の哲学――学びの共同体と活動システム」を改題、田中智志編『グローバルな学びへ――協働と刷新の教育』（東信堂、二〇〇八年）。

第Ⅱ部

1章　栗原彬・小森陽一・佐藤学・吉見俊哉『越境する知1　身体：よみがえる』『同4　装置：壊し築く』『同6　知の植民地：越境する』（東京大学出版会、二〇〇〇年～二〇〇一年）の各「プロムナード」［序章］より著者執筆部分を抜粋して再構成。

2章　「如月小春さんとの対話」如月小春は広場だった編集委員会編『如月小春は広場だった』（新宿書房、二〇〇一年）を改題。

3章　「人間・津守真――祈りの心理学へ、希望の保育者へ」『発達』（ミネルヴァ書房）八八号、二―六頁、二〇〇一年、を改題。

4章　「解説・三五年の軌跡から学ぶもの＝稲垣忠彦の「教育学（ペタゴジー）」」稲垣忠彦『授業研究の歩み一九六〇―一九九五年（評論社の教育選書27）』（評論社、一九九五年）を改題。

5章　「死者の祀りとしての「私」――宮澤賢治の言葉と身体」河合隼雄責任編集『現代日本文化論1　私とは何か』（岩波書店、一九九八年）。

あとがき

本書に所収した論文のほとんどは、二〇〇〇年前後に執筆している。私の哲学的遍歴から言うと、ラディカル・プラグマティズムによる脱構築主義とポスト構造主義の立場は若い頃から一貫しているが、二〇〇〇年以降は、カルチュラル・スタディーズのインパクトを受け、ポスト・モダニズム批判の方法を探索しつつ、文化の政治学としての教育学を模索していた時期にあたる。この時期、栗原彬さん、小森陽一さん、吉見俊哉さんと共に「シリーズ・越境する知」(全六巻、「〇巻」(『内破する知』) を含め計七巻、東京大学出版会) の編集を行った経験は啓発的であり、その後の私の哲学的探究を決定づけるものとなった。本書の第Ⅰ部の第1章、第2章、第Ⅱ部の第1章は、このシリーズで執筆した文章がベースになっている。

同時期、私の教育研究もいくつかの点で転換期を迎えていた。一つは一九九八年に茅ヶ崎市教育委員会に協力して創設したパイロットスクール、浜之郷小学校が、「二一世紀型の学校」として国内外の関心を呼び、「学びの共同体」を標榜する学校改革が爆発的な普及をとげたことである (現在、国内の小学校一五〇〇校、中学校二〇〇〇校、高校三〇〇校が挑戦、パイロット・スクールは約三〇〇校。国外では、中国、韓国、メキシコ、シンガポール、ベトナム、インドネシアなどの諸国で普及)。

もう一つの展開は国際化である。私の研究は日米のカリキュラム改革と教師教育改革の協同研究を基盤としていたが、この時期には全米教育アカデミー会員選出（二〇〇一年）、アメリカ教育学会大会会長招待基調講演（二〇〇六年）、アメリカ教育学会名誉会員選出（二〇〇九年）などの栄誉に浴し、ラテン・アメリカ諸国とヨーロッパ諸国の教育学者とも連携が強まった。それらは予測の範囲であったが、欧米諸国と併行して、韓国、中国、シンガポール、香港、インドネシア、ベトナム、台湾などアジアの国々の教育改革に関与することは想定外であった。特に、中華人民共和国人民大会堂での招待講演（二〇〇六年）、韓国の大統領諮問教育革新委員会の招待講演（二〇〇六年）以来、中国、韓国において「学びの共同体」の学校改革の普及は著しく、私の研究はグローバリゼーションの只中に置かれることとなった。しかも、最近一〇年間に私の論文と著書の多数が、英語の出版のみならず、中国語、韓国語、ドイツ語、フランス語、スペイン語に翻訳されたのは驚きであった。

学術研究は、国際化によって普遍性を獲得する。用語体系や概念の意味を外国の言語に置き換えて問い直すことによって、訳語と概念の問い直しそれ自体が哲学的内省を促すものとなったのである。

さらにこの時期は、数々の役職の重責に押しつぶされる日々であった。日本教育学会会長（二〇〇三〜〇九年）、東京大学大学院教育学研究科長（二〇〇四〜〇六年）、日本学術会議会員（二〇〇三年以降、第一部副部長（二〇〇五〜〇八年）、部長（二〇一一年〜現在））等の役職である。もともと行政的能力や実務能力は人一倍欠落しているだけに、これらの重責は通常の人以上に重荷となった。事実、二〇一〇年に大手術によって奇跡的に健康を快復するまで、命がけの苦難の日々が続いた。これらの役職の経験が研究にもたらしたものはほぼ皆無であったし、学問研究の停滞期を迎えたことは疑いえない。幸い、本書の論文のほとんどは、その直前の時期、すなわち学問のミューズがまだかろうじて私の身体に宿っていた時期の論稿である。学問のミューズはこちらから追求しても姿を現してくれないものだ。学問のミューズは向こうから訪れてくる。今後、再び学問のミューズが私のもとを訪れてくれるかどうかはわからない。しかし、学問のミューズは確かに一時期、燦然と私の研究を祝福してくれたのである。その一抹の光を本書から感じとって頂ければ幸いである。

最後に本書の出版の成り立ちについて記しておきたい。東京大学出版会とのつながりは、博士学位論文『米国カリキュラム改造史研究――単元学習の創造』（一九九〇年）を出版して頂いたことに端を発している。同書は、三〇代半ばの若輩が著した地味な専門的学術書であるにもかかわらず、今日まで絶版にすることなく版を重ね出版して頂いている。望外の幸せである。その出版の折から東京大学出版会編集部の伊藤一枝さんから、次の単行本を出版するよう依頼され、伊藤一枝さんの後を継承した後藤健介さんからも毎年、単行本の出版を奨めて頂いた。しかし、私の怠慢によって二二年間も約束を果たさないできた。今年六〇歳になったのを契機として二四年勤めた東京大学を退職するにあたり、何としてもこの約束を果たしたいと思い、本書を出版することを決意するにいたった。これまで出版を奨め続けてくださった伊藤一枝さんと後藤健介さんには、心からのお詫びとお礼を申し上げたい。

私の研究は「幸福の教育学研究」であると、つくづく思う。私ほど、良き師に恵まれ、国内外の良き同僚に恵まれ、良き院生と学生に恵まれ、良き人文学者、社会科学者、芸術家、哲学者の先輩や友人たちに恵まれ、学校現場の良き教師たちと良き子どもたちに恵まれた教育学者はいない。なかでも学問研究の出発点から三七年間、恩師・稲垣忠彦先生に教えられ励まされ続けた幸福は測り知れない。その稲垣忠彦先生は、昨年の夏、突然の病気によって他界された。享年七九歳であった。故人になられたが、稲垣先生との師弟の対話はこれからも絶えることなく一生続くだろう。本書を稲垣忠彦先生の墓前に献げ、大きな学恩に対するささやかな謝意としたい。

二〇一二年三月一〇日　東京大学における最終講義の日に

著　者

佐藤　学（さとう・まなぶ）

1951年生まれ．学習院大学文学部教授，東京大学名誉教授．教育学博士（東京大学）．三重大学教育学部助教授，東京大学教育学部助教授，同大学大学院教育学研究科教授を経て，2012年より現職．東京大学大学院教育学研究科長（2004年-06年）．エル・コレヒオ・デ・メヒコ招聘教授（2001年），ハーバード大学客員教授（2002年），ニューヨーク大学客員教授（2002年），ベルリン自由大学招聘教授（2006年）．全米教育アカデミー（NAE）会員．日本学術会議第一部（人文社会科学）部長．日本教育学会前会長．アメリカ教育学会（AERA）名誉会員．

〈主な著書〉

『米国カリキュラム改造史研究――単元学習の創造』（東京大学出版会，1990年）
『学び・その死と再生』（太郎次郎社，1995年）
『教育方法学』（岩波書店，1996年）
『授業研究入門』（稲垣忠彦との共著，岩波書店，1996年）
『カリキュラムの批評――公共性の再構築へ』（世織書房，1996年）
『教師というアポリア――反省的実践へ』（世織書房，1997年）
『学びの快楽――ダイアローグへ』（世織書房，1999年）
『教育改革をデザインする』（岩波書店，1999年）
『「学び」から逃走する子どもたち』（岩波書店，2000年）
「シリーズ・越境する知」（栗原彬・小森陽一・吉見俊哉と共編，全6巻，東京大学出版会，2000-2001年）
『身体のダイアローグ――佐藤学対談集』（太郎次郎社，2002年）
『習熟度別指導の何が問題か』（岩波書店，2004年）
『教師たちの挑戦――授業を創る・学びが変わる』（小学館，2003年）
『子どもたちの想像力を育む――アート教育の思想と実践』（今井康雄と共編，東京大学出版会，2003年）
『学校の挑戦――学びの共同体を創る』（小学館，2005年）
『教師花伝書――専門家として成長するために』（小学館，2008年）
『教育の方法』（放送大学叢書，左右社，2010年）
『学校を改革する――学びの共同体の構想と実践』（岩波書店，2012年）他，多数．

学校改革の哲学

2012年3月30日　初　版
2013年8月30日　第2刷

[検印廃止]

著　者　佐藤《さとう》　学《まなぶ》

発行所　一般財団法人　東京大学出版会

代表者　渡辺　浩

113-8654 東京都文京区本郷7-3-1 東大構内
http://www.utp.or.jp/
電話 03-3811-8814　Fax 03-3812-6958
振替 00160-6-59964

印刷所　株式会社三陽社
製本所　矢嶋製本株式会社

ISBN 978-4-13-051321-0　Printed in Japan